happy rituals

Die tägliche Dosis Glück
Teil 2

Impulse und neue Wege, wie du mit Glücksgewohnheiten Freude und Leichtigkeit in dein Leben holst

Christin Kunze (Hrsg.)

IMPRESSUM

www.happyrituals.de

Umschlaggestaltung: Christin Kunze
Urheberrechte Foto Deckblatt: Bettina Höchsmann

Urheberrechte Einzelfotos: siehe Kapitelbildnachweise

Lektorat und Mitarbeit: Gabriele Heymel

Copyright, Haftungsausschluss, Datenschutz und weitere Hinweise am Ende.

ISBN: 978-3-9822248-2-4

Inhaltsverzeichnis

Vorwort

Es ist okay, nicht dauerglücklich zu sein. Doch du kannst dich täglich entscheiden, wie du dich fühlen willst. Glücksgewohnheiten bieten dir die Möglichkeit dazu.

Dieses Buch ist kein Verfechter von „Hell yeah, ich bin immer dauerhappy und mir scheint die Sonne aus dem Allerwertesten“. Nein, das Leben ist bestimmt durch ein Auf und Ab von Gefühlen. Ja, es ist okay, auch mal schlecht drauf zu sein. Denn es gibt kein Allheilmittel gegen negative Gefühle und Krisenstimmung. Aber es gibt Möglichkeiten, wie du dich bewusst immer wieder für deine gute Stimmung entscheiden kannst.

In diesem Buch findest du Impulse und Erfahrungsberichte, wie 14 Frauen in ihrem Leben trotz schlechter Zeiten immer wieder ins Glück finden und fanden. Nämlich, indem sie bewusst und täglich kleine Schritte tun, um sich Freude und Zufriedenheit in ihr Leben zu ziehen. Mit ihren Glücksgewohnheiten!

Viele der Autorinnen haben bereits heftige Krisen erlebt. Ob Scheidungen, Krankheiten, Sinnkrisen oder 4-monatige Lockdown-Phasen, eines verbindet alle Geschichten: die bewusste Entscheidung für sich selbst und die damit verbundenen individuellen Wege zum Glück.

Das Spektrum der Glücksgewohnheiten im zweiten Teil von „Die tägliche Dosis Glück" ist daher ziemlich breit: Dankbarkeit, Loslassen, Rituale in der Schwangerschaft, bewusstes Im-Jetzt-Sein, Ayurveda & Yoga, Sport & Bewegung, und wie Krisen der Beschleuniger einer Selbstfindung sein können.

Self-made Millionärinnen, Trainerinnen und Coaches, zu Business Starterinnen und sogar Erstautorinnen – sie alle geben mit ihrem gewaltigen Erfahrungsschatz unschätzbare Impulse, wie das Leben gelingen kann. Ich bin überzeugt davon: Dieses Buch bietet Glücksgewohnheiten für alle Lebenslagen.

Auch diesmal gibt es wieder poetische Einschübe von mir, Christin Kunze, zu lesen. Diesmal habe ich mir dafür Unterstützung geholt. Zum einen von meinem jüngeren Ich und damit erfüllt sich nach 22 Jahren auch für die 17-jährige Christin ein Herzenswunsch. Bereits damals hat sie einen Gedichtband geschrieben – in diesem Buch werden einige dieser Textspuren zum ersten Mal veröffentlicht. Und zum anderen von Gabriele Heymel, meiner Glücksbotin im Hintergrund.

Zur besseren Lesbarkeit dieses Buches haben wir uns auf eine Form der Ansprache geeinigt, trotzdem wurde dieses Buch für alle Geschlechter geschrieben. Gerne würden wir dich zudem für die kommenden Seiten duzen, denn ein „du" erzeugt Nähe und wir sind gerne Teil dieses einen Weges – dem Weg zu dir und deinen Glücksgewohnheiten.

Liebe und Glück für deinen Weg.

Christin Kunze und die Autorinnen dieses Buches

Gold

Die Suche nach dem Gold ist nicht neu. Gold verheißt schon immer Glück, Wohlstand und ein gutes Leben. War es früher noch einigen wenigen vorbehalten, danach auf die Suche zu gehen, kann dies heute jeder tun. Gold ist das Glück im Verborgenen. Gold ist rar, Glück jedoch nicht.

Wer sucht heute noch Gold? Alle – alle hoffen auf kleine Nuggets des Glücks.

Die Suche jedoch ist heute leichter als früher. Das Glück liegt auf der Straße. Du darfst nur nie aufhören, danach zu suchen.

Christin Kunze

Gedanken haben Zauberkraft

Julie Cartwright

Deine Gedanken haben Zauberkraft, also setze sie bewusst und weise ein. Denke positiv und es kommt Positives zurück. Denke und sprich dich und dein Umfeld glücklich.

Hast du dir schon einmal gewünscht, vielleicht auch nur ganz still und heimlich, damit dich auch ja niemand hören kann, dass du zaubern kannst?

Als Kind war ich felsenfest davon überzeugt, dass ich über Zauberkräfte verfügte. Ich stellte mir vor, was ich mir alles erschaffen könnte, sobald ich die richtige Zauberformel herausgefunden hatte. Meiner Fantasie waren damals noch keine Grenzen gesetzt.

Erst etwas später formten sich dann einige Zweifel, als ich durch mein Umfeld beeinflusst vernahm, dass wir anscheinend gar nicht zaubern können. Zunächst war ich überrascht, später jedoch einfach nur enttäuscht. Also verpackte ich diese wundervolle Überzeugung einfach in meine gedankliche Wunschkiste, wo leider so viele Träume landeten, die ich mir als Kind voller Zuversicht und Selbstvertrauen formuliert hatte.

Die gute Nachricht ist: eigentlich besitzen wir alle eine Art Zauberkraft, auch du. Vielleicht bist du dir dessen einfach nicht bewusst. Unsere Gedanken haben nämlich zweifelsohne Zauberkraft. Daran gibt es nichts zu rütteln. Jeder Idee, jeder Handlung von uns, jedem großartigen Werk, aber auch jedem, wie wir es oft nennen, Fehltritt, geht ein Gedanke voraus.

Hast du dich schon einmal bewusst damit auseinandergesetzt, wie deine Gedanken deinen Tag formen, was für einen Einfluss und Stellenwert sie in deinem Leben haben und ob es sich hierbei um positive oder negative Gedanken handelt?

Einer meiner Glücksgewohnheiten ist es, zu beobachten und wahrzunehmen, was ich denke, welche Gefühle diese Gedanken bei mir auslösen und welche Taten ich darauffolgen lasse.

Als ich damit anfing, war ich erst einmal total erschrocken. Ich hörte einfach mal meinen Gedanken zu und realisierte auf einmal, mit wie vielen negativen Gedanken ich mich selber Tag für Tag bombardierte. Gedanken wie: *Das kann ich ja eh nicht. Die sieht viel besser aus als ich. Habe ich einen dicken Bauch. Gott, bin ich blöd.*

Schon wieder ein paar Falten mehr. Waren an der Tagesordnung. Und das ist ja noch nicht einmal genug. Ich dachte auch noch negative Sachen über andere, die mir noch nie irgendetwas zu Leid getan haben. Sogar über Fremde!

Dafür habe ich mich zuerst wirklich auch geschämt.

Kommen dir Gedanken und Sätze wie: *Wie sieht die denn aus? Warum guckt der denn so doof? Wie fährt die denn Auto? Die kann ja gar nicht parken.* auch so bekannt vor?

Nehmen wir nur mal das Beispiel vom Autofahren. Früher war ich vorwiegend mit dem Auto unterwegs. Vor allem als ich morgens zur Arbeit fuhr. Jeden Tag die gleiche Strecke, von dem kleinen Dorf runter auf die Hauptstraße, dann fünf Kilometer geradeaus Richtung Stadt, dann noch eine Ampel an der großen Kreuzung und anschließend links ab zu meinem Büro. Den Weg kannte ich in- und auswendig, es war schon ein Automatismus, wahrscheinlich musste ich nicht einmal wach sein. Ins Auto rein, Motor an, Musik an und los.

Morgens nahm ich oft noch gar nicht wirklich wahr, wie ich mich fühlte. Früher habe ich da einfach noch nicht so fest darauf geachtet, war mir dessen einfach noch nicht so bewusst. Ich habe einfach meine morgendliche Routine laufen lassen, mich fürs Büro fertig gemacht und los. Es war alles immer gleich, bis ich zu der Ampel an der großen Kreuzung kam.

Auf der einen Seite, von der ich kam, war die Straße noch einspurig und mündete dann nach der Kreuzung in eine zweispurige Straße. Spätestens dort wachte ich auf und spürte meine Gedanken, spürte auf einmal durch die Konfrontation mit anderen, wie ich an diesem Tag gelaunt war. An dieser Kreuzung war es oftmals der Fall, dass andere Autos mich beim Einfädeln nicht reinließen.

Hörte ich dann diese nörgelnden ungeduldigen Gedanken in meinem Kopf, wusste ich, dass ich heute nicht ganz im Einklang mit mir selber bin. Lächelte ich die anderen Autofahrer freundlich an und nahm mir geduldig Zeit, wusste ich, war es heute ein guter Tag für mich. Hörte ich mich aus heiterem Himmel lautstark wie ein britischer Seefahrer fluchen und Verwünschungen rufen, der Puls auf über 180, heftig atmend, wusste ich, dass anscheinend irgendetwas heute wohl nicht ganz im Einklang war.

Hand aufs Herz, geht es dir manchmal auch so? Wie verhältst du dich im Alltag deinen Mitmenschen gegenüber?

Wenn jemand ohne ersichtlichen Grund vor dir langsamer fährt oder vergisst, den Blinker zu setzen, was denkst Du dann und was sagst du dann? Bist du eher der Typ, der ungeduldig vor sich hin flucht, am liebsten auf die Hupe drücken würde (oder es sogar tut) und denkt (oder brüllt): *du Idiot, du bist mir im Weg!*

Oder nimmst du es einfach nur wahr und denkst: *ach, vielleicht ist er gerade in Gedanken, vielleicht fahre ich einfach etwas langsamer, damit es für alle sicherer ist.* Gerade das Beispiel des Autofahrens finde ich sehr passend, da ich viele kenne, die hinter dem Steuer ein gänzlich anderer Mensch zu sein scheinen. Ist es die Anonymität des Autos, die einen dazu verleitet? Weil die anderen einen nicht hören können und man doch nur indirekt konfrontiert wird? Oder woran liegt es?

Dies ist natürlich nur eines von vielen Beispielen aus unserem Alltag. Tatsächlich ist ja unser ganzer Tag von vielen Begegnungen geprägt.

Damals war ich tatsächlich davon überzeugt, dass diese Ampel und die Verkehrssituation als mein Stimmungsbarometer fungierten.

Allmählich bemerkte ich, dass es in unserer Gesellschaft anscheinend einfach normal ist, dass man solche Sätze nicht nur denkt, sondern auch wirklich ausspricht. Wir wachsen mit diesen auf und es scheint ganz normal zu sein, dass wir diese im alltäglichen Sprachgebrauch vernehmen und auch selber einsetzen. Sind wir diesem Automatismus einfach schutzlos ausgeliefert? Natürlich nicht, denn wir können ja wählen.

Heute wähle ich also bewusst einen anderen Ansatz. Ich versuche, meine Gedanken den ganzen Tag über zu beobachten und falls ich spüre, dass diese in einem Moment negativ sind, sage ich mir laut: *STOP. Ist es wirklich nötig, gerade negativ zu denken oder ist dies ein*

Automatismus, den ich mir eventuell selber angewöhnt oder gar von außen übernommen habe?

Die Auswirkungen auf mein Leben sind unbeschreiblich und phänomenal. Mein ganzer Tag läuft besser, ich fühle mich in einem Flow, und bin sehr viel fröhlicher unterwegs.

Schon seit ein paar Jahren versuche ich nun, dies bewusst in meinem Alltag zu integrieren, mich und meine Gedanken zu beobachten, meine Gedankengänge wahrzunehmen und bewusster zu gestalten. Bewusst bedeutet für mich in diesem Sinne, dass ich wirklich bei Bewusstsein bin und einschätzen lerne, ob ich gerade einen positiven Gedanken habe, der in mir ein gutes Gefühl auslöst und mich ermächtigt, oder ob es sich dabei um einen destruktiven Gedanken handelt, der mich negativ beeinflusst, ausbremst und in meinem natürlichen Flow hindert, mich selber unnötig sabotiert.

Schaffe ich es immer? Nein, leider nicht. Auch ich ertappe mich sehr oft in negativen Gedanken, vor allem mir selber gegenüber. Aber ich fokussiere mich auf das, was ich schon erreicht habe. Meine Gedanken anderen gegenüber haben sich unglaublich ins Positive geändert und es gibt sehr selten noch einen negativen Gedanken gegenüber anderen. Das ist unglaublich schön und wird auch vom Umfeld so wahrgenommen.

Und nun kommt das Beste, es ist nämlich auch noch hochansteckend. Wie meine ich das?

Nun, meistens geht jedem Satz ein Gedanke voraus. Schaffst du es also, deine Gedanken positiv zu gestalten, resultiert dies logischerweise in positiven Worten und Sätzen. Wenn du nun Positives in die Welt hinausträgst, bzw. sprichst, stößt dies meistens auf positive Rückmeldungen.

Wenn Gedanken also Zauberkraft haben, dann sind die Worte der Zauberstab, denn mit deinen positiven Gedanken und den daraus resultierenden Gesprächen zauberst du fast jedem, dem du begegnest, ein Lächeln auf die Lippen. Wenn das nicht eine lohnenswerte Zauberkraft ist. Machst du mit?

Julie Cartwright

Foto: Julie Cartwright

Julie Cartwright, 1982 geboren, träumt und schreibt für ihr Leben gern. Die gebürtige Britin und Wahlschweizerin ist in Süddeutschland aufgewachsen und lebt seit gefühlten Ewigkeiten in den Schweizer Bergen. Sie ist eine weltoffene und verträumte Lady, die sich von ihrem Alltag wie auch von ihren aussergewöhnlichen Reisen zum Schreiben inspirieren lässt. Wenn sie gerade nicht in der Weltgeschichte umherbummelt oder auf ihrem Fahrrad durch die Schweiz fährt, verbringt Sie jede freie Sekunde in ihrem Luftakrobatik- und Poledance-Studio, welches sie mit zwei sehr guten Freundinnen führt. Sie lacht gerne, meditiert viel und macht sich den ganzen Tag unglaublich viele Gedanken und Sorgen über Gott und die Welt. Das Schreiben hilft ihr, all diese Gedanken und die vielen Ereignisse ihrer blühenden Fantasiewelt zu ordnen. Sie liebt es, neue Menschen und Kulturen kennenzulernen, deren Geschichten zu hören und diese in ihren Texten zum Leben zu erwecken. Sie umgibt sich gerne mit authentischen, freundlichen und ehrlichen Menschen. Ihr Motto ist *smile and the world can`t resist – it will smile back* bzw. *ein Lächeln ist das Schönste, das du tragen kannst.*

www.facebook.com/Joolz6 (Joolz theworker)

Entscheidung

Manche Entscheidungen bahnen sich langsam den Weg. Sie beginnen mit einer kleinen Idee, klein wie ein Geistesblitz, wie ein Reiskorn. Dann werden sie genährt von stetig neuen Impressionen, die zu ihr passen. Der Fokus liegt noch längst nicht dort. Sie schwingt nur immer wieder mit. So wachsen sie im Unterbewusstsein immer weiter an. Der Geistesblitz wird zu einer fixen Idee, zu einem Tagtraum, zu einer tief in uns liegenden festen Überzeugung. Eine Idee, die die Macht hat, unsere eigene Welt komplett zu verändern.

Christin Kunze

Mein Glücksrezept: Verliebe dich in deine Emotionen

Stephanie Schwarz

Mein ganz persönlicher Weg zu mehr Glück, inneren Frieden und Leichtigkeit in meinem Leben führte mich unter anderem auch zu meinen Gefühlen und Emotionen und meiner Einstellung zu ihnen.

Als Menschen fühlen wir uns unseren Emotionen manchmal ausgeliefert. Wir denken, Gefühle überkommen uns wahllos und wir haben keinerlei Macht oder Kontrolle über sie. Außerdem unterscheidet unsere Gesellschaft häufig zwischen positiven, angenehmen und negativen, unangenehmen Emotionen. Da liegt es auf der Hand: wir wünschen uns möglichst viele positive Gefühle und versuchen, die negativen Gefühle zu vermeiden, wegzudenken oder zu unterdrücken. Wir feiern Freude, Lust und Liebe und verdrängen Trauer, Traurigkeit, Frustration,

Ärger, Wut, Eifersucht, Neid. Wir haben Angst vor intensiven Gefühlen – und ganz besonders vor denen, die den Stempel „unangenehm“ erhalten haben.

Doch was tun, wenn diese Gefühle dennoch in dir lebendig sind?

In der Persönlichkeitsentwicklung, im Yoga, Buddhismus und der Mindset-Arbeit gibt es wundervolle Ansätze, die sehr wertvoll sind und ich für mich persönlich und in meiner Coaching-Arbeit regelmäßig verwende. Jedoch hatte ich dort auch öfter mal das Gefühl, dass nicht die Gesamtheit meiner Gefühlswelt willkommen ist. Meine Lieblingsantwort auf diese Frage habe ich deshalb im Tantra gefunden – eine Philosophie und uralte mystische Tradition und Weisheit (die übrigens so viel mehr als Sex behandelt). Deshalb möchte ich dir heute eine neue, etwas andere Perspektive zu unserer Gefühlswelt anbieten. Deren Antwort lautet:

Alles ist willkommen.

Ein kleines, wundervolles Experiment für dich und uns alle – heute und immer wieder: Was, wenn du heute einfach mal alles fühlen darfst, was endlich gefühlt werden will? All das, was in dir brodelt und sitzt und sehnsüchtig darauf wartet, endlich mal beachtet zu werden. Was, wenn es in diesem Moment gar nichts gibt, was du verbessern und gegen das du ankämpfen musst? Was, wenn du deinen Ärger spüren darfst, auch wenn gerade Mitgefühl spiritueller wäre? Was, wenn du deine Eifersucht spüren darfst, auch wenn gerade Selbstliebe angebracht wäre.

Was, wenn genau das Selbstliebe ist? Alles ist willkommen. Alles darf da sein.

Kannst du es dir erlauben, den Teil in dir zu lieben, der manchmal eifersüchtig ist, anstatt ihn zu verurteilen oder gegen ihn anzukämpfen? Kannst du es dir erlauben, dem Teil in dir eine Umarmung anzubieten, der sich über deinen Partner oder deine Kinder ärgert, anstatt diesen Teil für den Ärger zu verurteilen oder zu beschämen? Kannst du es dir erlauben, den Teil in dir zu lieben, der manchmal Wut oder Überforderung spürt, anstatt es wegzureden oder zu verdrängen?

Was, wenn du gar nichts, aber rein gar nicht bekämpfen musst? Und du stattdessen einfach nur sein darfst und lieben darfst was ist? Fühlt sich der Gedanke allein nicht schon wundervoll an? Keine inneren Kämpfe (davon haben wir schon genug), keine Selbst-Verurteilung, sondern einfach nur Annehmen und Lieben was ist. Und vielleicht spürst du ja bereits jetzt, ganz einfach beim Lesen dieser Sätze, ein wenig Erleichterung in dir? Vielleicht spürst du, wie dein Körper und Nervensystem sich ein wenig mehr entspannt und aufatmet?

Mein ganz persönliches Zaubermittel, um mich und meine Gefühlswelt besser kennenzulernen, ist die Selbstliebe. Deshalb möchte ich gerne ein paar Tools mit dir teilen, wie ich diese Selbstliebe aktiv praktiziere und ausdrücke. Ich praktiziere alle drei folgenden

Rituale und Gewohnheiten regelmäßig und mit großer Freude. Sie unterstützen mich dabei, die Vielfalt meiner Emotionen anzunehmen, ohne mich in ihnen zu verlieren. Sie erlauben mir, meine Gefühle zu spüren, ohne mich ihnen machtlos ausgeliefert zu fühlen. Und sie laden mich ein, immer wieder zur Akzeptanz und Liebe zurückzukommen.

Mein großer Wunsch ist es, dich zu inspirieren, diese Rituale ebenfalls auszuprobieren und ihre Kraft für dich selbst zu erleben. Sie haben mein Leben leichter, bunter, erfüllter …und glücklicher gemacht.

Tanz dich glücklich!

Musik kann unsere Seele und unser Herz berühren. Wir lassen uns von einer Melodie mitreißen, wir vergessen die Welt um uns herum, wir wippen oder bewegen uns im Einklang mit dem Rhythmus. Musik kann uns innerhalb von Sekunden in einen anderen Zustand versetzen. Mit Hilfe von Musik fühlen wir uns wild, rebellisch, sinnlich, sexy, stark, romantisch, nachdenklich, melancholisch oder glücklich. Vor allem aber spüren wir uns. Wir fühlen uns frei. Lebendig. Musik bewegt – wortwörtlich – unsere Gefühle und Energie im Körper.

Vielleicht kennst du das: Nach einem Abend ausgelassenen Tanzens fühlen wir uns voller Energie und lebendig – vielleicht auch erschöpft, aber auf jeden Fall glücklich. Dafür sind auch die Endorphine verantwortlich, die beim Bewegen und Tanzen ausgeschüttet werden und uns mit Glückgefühlen beschenken. Doch oftmals beschränken wir diese Wohltat für unseren Körper und unsere Seele auf organisierte Tanzveranstaltungen oder Diskos am Abend und Wochenende. Und während wir als Teenager vielleicht regelmäßig das Nachtleben genossen haben, verschieben sich mit dem Älterwerden oft die Interessen und Prioritäten. Das Tanzen gehört immer weniger zu unserem Alltag.

Warum eigentlich, wenn es doch so verdammt guttut und glücklich macht?

Zum Glück (tolles Wortspiel) habe ich vor einigen Jahren während einer meiner Yoga- und Soul Searching-Reisen nach Asien die unglaubliche Kraft des Tanzens wiederentdeckt und genauer kennengelernt. Dort habe ich erfahren, wie ich durch Tanzen nicht nur Glückshormone aktiviere, sondern auch meine Emotionen ausgleichen kann. Ich habe mich beim Tanzen mit mir und meiner tiefsten Wahrheit verbunden. Ich habe gelernt, ganz bewusst wahrzunehmen, wie ich und mein Körper sich gerade fühlen und diese Gefühle tanzend auszudrücken und dadurch zu integrieren.

Seitdem gehört Tanzen zu meiner Alltagsroutine und ich liebe es! Ganz ohne Nachtleben (wobei das auch hin und wieder Spaß macht), sondern für mich alleine und zuhause – und vor allem tagsüber und regelmäßig. Ich integriere das Tanzen nämlich sogar in meinen Arbeitsalltag und bin sicher, dass es einer meiner Erfolgsrezepte ist. So tanze ich zum Beispiel zu „Lady

Marmalade", um vor einer wichtigen Präsentation in tolle Power-Stimmung zu kommen. Ich singe, stampfe und hebe theatralisch die Arme zu „Girl on fire", wenn ich mal eine besondere Portion Mut brauche. Oder ich finde dankbar mit dem Mantra-Lied „Ong Namo" in meine Mitte, wenn ich mich vor einer Coaching-Session mit meiner Intuition verbinden möchte. Da ich für meine Arbeit oft längere Zeit am Laptop oder PC verbringe, hilft mir eine kurze Tanz-Pause auch, um angestaute Energie im Kopf und Nacken wieder in Bewegung zu bringen und mich nach einer fünfminütigen Tanzpause wieder frisch konzentrieren zu können.

Ganz gleich also, ob du dich in eine bestimmte Stimmung oder Emotionen in deinem Körper wieder in Fluss bringen möchtest: ich möchte dich mit meinen Beispielen inspirieren, die Welt der Musik und Bewegung wieder viel bewusster für dich einzusetzen. Mit Hilfe meiner Liedbeispiele kannst du gerne experimentieren, wie unterschiedlich die verschiedenen Lieder und Stimmungen auf dich wirken. Und mit der Zeit wirst du deine eigenen musikalischen Vorlieben finden, die dich glücklich machen.

Probiere es einfach mal aus: wenn du dich das nächste Mal verärgert oder frustriert fühlst, dann bring die Frustration mit einem fetzigen Musikstück in Bewegung und beobachte mal, was passiert. Du wirst womöglich erstaunt sein, wie der Ärger sich tatsächlich in deinem Körper bewegt und sich nicht selten sogar in Luft auflösen kann. Oder mach mal eine etwas andere Computerpause und erspüre tanzend wie dein Kopf und Nacken, deine Schultern und Arme sich vom sitzenden Dasein freitanzen. Oder tanze dich vor einer wichtigen Präsentation, einer anstehenden Entscheidung, zum Feierabend oder vor einem Date mit deinem Liebsten in deine frei gewählte Wunsch-Stimmung! Wir sind unseren Gefühlen nicht machtlos ausgeliefert. Ganz im Gegenteil: wir haben mehr Einfluss auf unsere Emotionen, als uns oftmals bewusst ist. Deshalb: Tanz dich – je nach Wunsch – frei, sexy, mutig oder glücklich! Und das wichtigste: hab Spaß dabei!

Shake it baby – Schüttel dich glücklich!

Ein Ritual, welches wir in der westlichen Welt fast vollkommen vergessen haben, ist das Schütteln und Zittern. Dabei ist Zittern eine natürliche Reaktion unseres Körpers, um Stress oder auch traumatische Erlebnisse zu verarbeiten und unseren Körper und Nervensystem wieder ins Gleichgewicht zu bringen. Ersthelfer beobachten dieses Phänomen besonders häufig nach Unfällen, aber auch bei psychischer Belastung zittern wir manchmal – wortwörtlich – am ganzen Körper. Eine, wie gesagt, ganz natürliche, instinktive Reaktion unseres Körpers, um eine Überforderung wieder in Balance zu bringen. Jedoch wirkt das Zittern auf uns befremdlich, es macht uns Angst und ist uns peinlich – in der heutigen westlichen Welt möchten wir gerne die Kontrolle haben, so dass wir das Zittern – oft auch unbewusst – gar nicht erst zulassen. Im Gegenteil, wir versuchen, es zu unterdrücken.

Dabei gehört Schütteln bei zahlreichen Naturstämmen und -völkern zum Alltag und ist fester Bestandteil verschiedener Rituale. So kann man etwa bei vielen Trauerritualen von Ureinwohnern, zum Beispiel der neuseeländischen Maori, Schüttelelemente in den Tänzen beobachten. Sie wissen instinktiv um die Wohltat und Heilkraft für den Körper, wenn Emotionen fließen dürfen, anstatt zu erstarren oder „heruntergeschluckt" zu werden.

Ich persönlich verwende dieses schnelle und effektive Ritual am liebsten nach einem stressigen Tag, der vielleicht nicht ganz so gelaufen ist, wie ich ihn mir vorgestellt habe. Sogar mein Freund kommt inzwischen regelmäßig von seinem Büro nach Hause und fragt mich, ob wir eine Runde schütteln wollen. So stehen wir beide im Wohnzimmer, schütteln den Bürotag ab und laden den Feierabend ein. Was anfangs vielleicht etwas befremdlich wirken mag, ist inzwischen total selbstverständlich und normal für uns. Ich mag diese Angewohnheit ganz besonders, weil sie so einfach und schnell ist und weil der Effekt sofort spürbar ist.

Wie schüttelst du?

Das Tolle ist: du kannst nicht falsch schütteln! Für neugierige und offene Anfänger habe ich dennoch ein paar Tipps: zum Schütteln stellst du deine Beine etwa hüftbreit auseinander und fängst stehend an, deinen Oberkörper zu schütteln. Dabei wippen die Knie leicht mit, deine Arme und Hände schütteln ganz natürlich mit. Gerne kannst du auch deine Augen schließen und dich ganz mit dir und deiner Innenwelt verbinden. Wenn du möchtest, kannst du nach einer Weile deine Arme und Hände bewusst stärker mitschütteln, vielleicht hast du auch das Bedürfnis, deine Arme nach oben zu nehmen. Das kann besonders befreiend wirken. Überwinde die anfängliche Scham und Peinlichkeit und folge einfach den Impulsen, die dein Körper dir gibt. Erlaube dir, komisch auszusehen. Vielleicht möchtest du zu Trommelmusik schütteln, vielleicht bevorzugst du Stille, oder es variiert nach Tageslaune. Du kannst dich schnell und rhythmisch oder langsam bewegen. Und für den Fall, dass du dir komisch vorkommst, will ich dich nur wissen lassen: Lachen ist durchaus willkommen (auch über dich selber).

Ich bin selbst immer wieder überrascht, wie befreit ich mich nach einer Runde Schütteln fühle. Und bin überzeugt: Schütteln macht glücklich.

Bewusste Gefühlsausbrüche

Sollte der Vorschlag zu einem Wutausbruch bei dir Stirnrunzeln verursachen: Yep, ich kann dich gut verstehen! Das ging mir vor ein paar Jahren noch ganz genauso. Heute gehören bewusste Gefühlsausbrüche, und ganz besonders Wutausbrüche, mit zu meinen Lieblings-Tools. Sie helfen mir, meine Emotionen in Bewegung zu setzen und Gefühle, die in mir lebendig sind, anzunehmen – statt sie zu unterdrücken oder wegzudenken. Gerade Trauer, Wut und Ärger sind meines Erachtens interessante Gefühle, die sich für dieses schöne Ritual prima eignen. Denn sie haben in unserer Gesellschaft keinen guten Ruf, sie sind nicht sehr angesehen. Wir haben Angst vor ihnen, fühlen uns hilflos, wenn sie präsent sind oder verurteilen uns manchmal selber, wenn wir sie spüren.

Als Kinder wissen wir noch, wie wir Traurigkeit, Wut und Ärger freien Lauf lassen können. Wenn ein Kind wütend ist, äußert es diese Wut klar und deutlich. Es denkt gar nicht darüber nach, wie das beim Gegenüber wohl ankommen mag oder ob die Wut gerade angebracht ist. Unsere Natur möchte, dass die Wut einen (gesunden) Ausdruck findet, denn dadurch kommt sie in unserem Körper in Bewegung und kann sich integrieren. Doch mit dem Erwachsenwerden erhalten wir von außen Botschaften, die uns ganz deutlich spüren lassen: unsere Wut ist nicht immer gern gesehen. Vielleicht erinnerst du dich selbst an die eine oder andere Botschaft und Situation als Kind oder du erkennst dich in deinem Verhalten zu deinen eigenen Kindern wieder. Auch ein harmloses „Ach, weine doch nicht.“ oder „Du brauchst doch nicht traurig oder wütend sein.“ signalisiert uns, dass das Gefühl, das wir gerade spüren, keine Daseins-Berechtigung hat. Das Dilemma: wir fühlen es aber. Unser Unterbewusstsein lernt also, dass bestimmte Gefühle nicht angebracht sind und wir uns besser anpassen oder bestimmte

Gefühle unterdrücken sollten, um akzeptiert zu werden.

So haben wir als Erwachsene oft verlernt, mit intensiven Gefühlen umzugehen. Das kann zu einem inneren Zwiespalt führen, der auch in Beziehungen zu unseren Mitmenschen zur Herausforderung werden kann. Einerseits fühlen wir uns verärgert oder wütend über eine Situation in unserer Beziehung, mit einem Arbeitskollegen oder unseren Kindern, andererseits verurteilen wir uns für dieses Gefühl („Es gehört sich nicht, auf meine Kinder oder meinen Partner wütend zu sein." „Ich bin ein schlechter Mensch, wenn ich so fühle. Es muss Harmonie bewahrt werden.") oder wir haben gleichzeitig ein schlechtes Gewissen. Als Konsequenz schlucken wir den Ärger entweder hinunter und verdrängen ihn oder projizieren unser Gefühl unverhältnismäßig auf andere Personen und reagieren unfair.

Kontrollierte Gefühlsausbrüche sind ein wunderbares Heilmittel, das auch gerne therapeutisch eingesetzt wird. Dadurch wird uns die Angst vor großen Gefühlen genommen. Wir erkennen, dass wir Gefühlen gar nicht machtlos ausgeliefert sind, sondern ganz im Gegenteil. Wenn wir uns erlauben, alles einfach da sein zu lassen und zu spüren, anstatt zu unterdrücken, dann verliert das Gefühl oft fast wie von selbst diese große und manchmal überwältigende Energie. Ich finde es immer wieder faszinierend, was mit Ärger passiert, wenn er einfach mal da sein darf und gehört und gesehen wird. Davon abgesehen, ist es so viel gesünder dem Ärger in einem sicheren und bewussten Rahmen Raum zu geben, anstatt ihn in uns hineinzufressen. Da sitzt er nämlich dann in uns und brodelt über die Jahre.

Meine Lieblingsmethode, um angestautem oder verdrängtem Ärger mal richtig Luft zu machen, ist das Kissen schlagen. Ja, es mag richtig verrückt klingen: ich schlage immer mal wieder auf Kissen ein. Und viele meiner Kundinnen tun es mir gleich – und wir lieben es! Es geht ganz einfach: Schaffe dir einen sicheren, ungestörten Raum, in dem du alleine bist. Stapel mehrere Kissen übereinander, zum Beispiel auf deinem Bett. Halte deine Hände ineinander, so dass du deine Handgelenke schützt. Schließe deine Augen, zentriere dich und verbinde dich dann mit deinem Ärger – fühle ihn, lass ihn da sein. Und dann haue ihn hinaus, indem du mit beiden Händen auf die Kissen schlägst. Kleine Anmerkung: Schreie, Flüche und sonstige befreiende Geräusche sind durchaus willkommen und unterstützen den Prozess. Viel Spaß bei deiner ganz persönlichen Kissenschlacht mit deinem Ärger!

Ich freue mich, wenn ich dich mit meinen, zugegebenermaßen vielleicht etwas außergewöhnlichen, Glücksgewohnheiten dazu inspirieren kann, deine Gefühle mal aus einem anderen Blickwinkel zu betrachten. Alles ist willkommen, alles darf sein. Du kannst mit deiner Wut tanzen, sie schütteln oder mit ihr eine Kissenschlacht machen. Du darfst dich von deiner Eifersucht auf einen Tanz einladen und dich von ihr überraschen lassen, wieviel Ausdruck und Leidenschaft womöglich in ihr versteckt ist. Du darfst entdecken, wieviel Liebe möglicherweise hinter deinem Ärger steckt oder welche Botschaften deine Frustration für dich hat. Vor allem aber darfst du die Angst vor deinen Gefühlen verlieren. Und erkennen, dass sich viele Gefühle wie von Zauberhand wandeln, sobald du ihnen Raum gibst, endlich mal gesehen zu werden und da sein zu dürfen. Und das macht glücklich – schneller, als du dir vielleicht vorstellen magst.

Ich wünsche dir schöne und interessante Begegnungen mit deiner Gefühlswelt!

Deine Stephanie

Stephanie Schwarz

Foto: Stephanie Schwarz

Was macht uns wirklich glücklich? Eine Frage, mit der sich Stephanie Schwarz seit vielen Jahren beschäftigt. Als Coach, Workshop-Leiterin und Autorin unterstützt sie Frauen darin, ein Leben zu erschaffen, das wirklich zu ihnen passt – frei von Meinungen, Rollen und Schubladen, die uns die Gesellschaft vorgeben möchte und die wir manchmal annehmen, ohne sie zu hinterfragen. Wichtige Zutaten für ein selbstbestimmtes Leben unserer Träume sind ihrer Erfahrung nach: Mut, Liebe und die Neugierde sich selbst so richtig gut kennenzulernen. Unsere Emotionen können auf diesem Weg tolle Wegweiser und eine wertvolle Quelle von wichtigen Informationen für uns sein. Anstatt ihnen hilflos ausgeliefert zu sein, liebt es Stephanie Emotionen als unterstützende Helfer zu betrachten.

Stephanie glaubt fest daran, dass unsere Gedanken, Gefühle und Erlebnisse in unserem Körper leben. Und sie ist überzeugt, dass sie uns zu einem glücklicheren Leben verhelfen können, wenn wir den Mut haben sie zuzulassen anstatt sie zu verdrängen.

Die Autorin möchte Menschen inspirieren, sich an ihre Träume zu erinnern. Sie hat den großen Wunsch, dass Menschen den Mut haben, ihre Wahrheit zu leben – im Alltag, in der Arbeitswelt aber auch in ihren Beziehungen. So widmet sie sich unter anderem auch dem Tabu-Thema „Weibliche Sexualität“ und inspiriert Frauen zu einem erfüllteren und glücklicheren Liebesleben.

Mehr Info findest du z.B. auf:
www.stephanieschwarz.com
www.facebook.com/stephanieschwarz.coaching

Transformation

Die Welt braucht mich, mich und meine Gaben.

Ich darf mich entfalten und entwickeln.

Verständnis: Ich sehe dich.

Christin Kunze

Der Glücksschalter – glücklich fühlen auf Abruf

Catherine LifeDesign

Manche Tage sind einfach genial, wir sind gut drauf, glücklich und strahlen vor Energie. Doch es gibt auch die anderen Tage, wo irgendwie alles mühsam ist, wir kämpfen und, gelinde gesagt, uns kommt die Leichtigkeit abhanden. Der Glücksschalter ist der Moment, wo du vom Kämpfen wieder auf Glücklichsein umstellst. Wie das geht, erfährst du in diesem Kapitel.

Manche Tage sind einfach genial, du wachst auf, du bist motiviert, glücklich, unbändige Energie, gut drauf, alles geht dir leicht von der Hand.

Doch egal, wie sehr uns Instagram & Co weismachen wollen, dass jeder Tag so sein sollte..., es gibt auch die anderen Tage. Irgendwie ist alles mühsam, vielleicht wartet auch noch die Steuererklärung auf uns, wir kämpfen, nichts will klappen, dann frustriert uns vielleicht noch die Technik oder der Partner.

Und das ist völlig normal, wir sind eben auch nur Menschen. Ich führe ein sehr schönes Leben (ich lebe mit meinem Traumpartner auf einer Trauminsel am Meer, gehe jeden Tag schwimmen, habe meine absolute Berufung gefunden und arbeite nur was und wann ich will). Aber das heißt nicht, dass jeder Tag reibungslos perfekt ist.

Wie wäre es aber, wenn es einen Schalter gäbe, den wir jederzeit betätigen können, damit der Tag – egal wie er gestartet ist – doch noch zu einem der schönsten und glücklichsten unseres Lebens werden darf? Wenn wir uns, bevor wir in eine Abwärtsspirale gelangen, so schnell wie möglich wieder auffangen könnten? Wenn wir uns Gewohnheiten erschaffen, die uns jeden Tag neu auf das Gute und Leichtigkeit ausrichten?

Genau dabei hilft dir ja dieses Buch. Doch damit es im Alltag auch wirklich funktioniert, brauchen wir den „Glücksschalter".

Warum „Sei doch einfach glücklich" nicht funktioniert

Kennst du den Spruch: „Glücklichsein ist eine Entscheidung"? Oder die gut gemeinten Ratschläge, „ist doch nicht so schlimm", „nimm das doch nicht so ernst", „wie glücklich du bist, hat mit dem Grad deiner Bewusstheit zu tun", oder „sei doch einfach glücklich" usw.

Ich weiß nicht, wie es dir geht, aber wenn ich gerade nicht glücklich bin, ja sogar wütend, traurig, oder enttäuscht, dann schieße ich schlaue Sprüche und denjenigen, der sie übermittelt, am liebsten zum Mond. Nein, ich bin nicht heilig. Wenn ich wütend bin, bin ich wütend und das ganze „Glücklichsein" inklusive Entscheidung dazu, kann mir auch gestohlen bleiben.

Glücklichsein, wenn gerade alles in Ordnung ist, ist super einfach. Aber du siehst schon, wenn wir uns bereits in einem gegenteiligen Zustand befinden, dann wird Glücklichsein so flüchtig wie eine summende Mücke beim Einschlafen. Je länger sie uns entwischt, desto tiefer rutschen wir auf der Frust-Skala, welche Glück (und einschlafen) in weite Ferne rückt.

1. Es ist ok, nicht heilig oder dauerglücklich zu sein

Der erste Schritt, um den Glücksschalter umzulegen, ist also, sich auch mal zu erlauben, nicht glücklich zu sein. Sich zu erlauben, dass gerade Frust, Widerstand, Wut oder was auch immer da ist.

Ich hatte lange Zeit den Anspruch an mich, dass es mir immer gut gehen muss. Alles andere darf nicht sein.

Alles andere hätte sich für mich wie „Versagen“ angefühlt, und das wollte ich auf keinen Fall fühlen!

- Ich bemühe mich doch schon so, dass alles immer wunderbar ist.
- Ich bin doch schon „so weit“, „so bewusst“ usw.
- Ich müsste es doch eigentlich schon besser wissen.
- Ich gestalte doch mein Leben schon so aktiv und daher soll nur noch das passieren, was ich mir wünsche.
- Und, und, und...

Füge hier gerne deine Lieblings-Schallplatte ein, die du dir selber erzählst, warum es nicht ok ist, wenn du mal nicht glücklich bist.

Auf diesem Karussell bin ich lange mitgefahren. Bis ich daraufgekommen bin, dass genau dieser Anspruch, dass es mir „immer gut gehen muss“, mich im Unglücklichsein gefangen hält.

Ganz ehrlich, wenn alles immer „gut“ sein muss und es niemals anders sein „darf“, ist das ein bisschen so, wie wenn du ständig versuchst, einen mit Luft gefüllten Luftballon unter Wasser zu halten. Es ist total anstrengend und irgendwann explodiert der Luftballon an die Oberfläche.

Das heißt der erste Schritt ins Glück ist zuerst tatsächlich sich zu erlauben, dass es auch mal unperfekt, „nicht so, wie wir es uns vorgestellt haben", „anders" sein darf.

Ja, wir streben alle nach Glück und ich sage nicht, dass wir in unserer Misere sitzen bleiben sollen, „Ja, so ist das jetzt eben, da kann man nichts ändern." oder uns mit dem Status quo zufriedengeben müssen. Aber was, wenn wir stattdessen das „muss" rausnehmen? Was wäre, wenn wir es stattdessen mit Vertrauen ersetzen, dass das, was gerade da ist, der Zustand, in dem wir uns gerade befinden, genau der Richtige ist? Für mich waren unglückliche Momente auch immer ein großer Wegweiser.

„Wenn du noch nicht das hast, was du dir wünscht, hast du sehr wahrscheinlich das, was du gerade brauchst."

Genau dieses Vertrauen und das Zulassen von dem, was gerade „da ist", öffnet uns die Tür zum nächsten glücklichen Zustand und zum nächsten und nächsten...

2. Der Weg vom Unglück ins Glück

Um allerdings aus dem Karussell eines weniger glücklichen Zustands auszusteigen, brauchen wir den zweiten Schritt des Glücksschalters. Und das ist etwas ganz Einfaches. Tadaaaa: eine Intervention!

Neulich hat mich kurz vor einem Live-Auftritt eine E-Mail erreicht, wo jemand seinen Frust an mir ausgelassen hat. Mein erster Gedanke war, „Verdammt, warum musste ich das 3 Minuten vor dem Livegehen jetzt noch unbedingt lesen?!“. Gleich ein großer Auftritt und noch schnell schlechte Stimmung aufgeschnappt.

Also wie konnte ich diese Stimmung und Abwärtsspirale möglichst schnell wieder drehen?

Zum Glück ist mir eine meiner 10 Interventionen eingefallen, die bei mir funktionieren – jedes Mal! Was sind diese Interventionsmethoden?

Ganz einfach. Das ist eine Liste mit 10 Dingen, die mich sofort positiv stimmen. Es ist eine Liste, die ich extra für MICH zusammengestellt habe, mit Dingen, die ich tun kann, wenn ich bemerke, ich befinde mich in einer Abwärtsspirale.

Was sind das für Dinge? Beispiele: eine bestimmte Erinnerung an meine Großmutter, eine Podcastfolge von Tony Robbins hören, der Blick und das Gefühl, damals den Gipfel von Machu Picchu erklommen zu haben (tolle Erinnerung durch ein Foto!), der Applaus nach meiner Rede, ein Gespräch mit X, ein Spaziergang, Reiki, etc.

Weißt du, was ich kurz vor meinem Live Auftritt gemacht habe, als ich die frustrierende E-Mail bekommen habe? Ich bin einfach kurz nach draußen gegangen und habe eines unserer Kätzchen gestreichelt und gekrault. Es ist unmöglich, im Groll feststecken zu bleiben, wenn du ein schnurrendes Babykätzchen in den Händen hältst, oder?! Innerhalb von 1 Minute war die Welt wieder in Ordnung.

Es muss wirklich nichts Großes sein. Schreibe dir 10 Gedanken oder Mini-Handlungen auf, die dich sofort positiv stimmen. Etwas, wo du fast nicht mehr ausweichen kannst, wo es unmöglich wird – wenn auch nur für ein paar Sekunden/Minuten – weiter schlecht drauf zu sein. Du brauchst im Grunde nur einen Fuß in der Tür, ein kleines Fenster, ein klitzekleines gutes Gefühl. Und aus diesem Mini-Zeitfenster heraus, kannst du dann Schritt 3 des Glücksschalters umsetzen.

Dazu gleich mehr. Doch zuerst: nimm am besten jetzt sofort einen Stift und Papier und schreibe dir 10 Dinge auf, die dich sofort positiv stimmen.

1.

2.

3.

4.

...

Aufgeschrieben? Noch nicht, worauf wartest du noch?

Diese Liste hat mir schon mehrmals den Hals gerettet. Hänge sie überall dort auf (neben dem Bett? Wohn- oder Arbeitszimmer?), wo immer du sie so schnell wie möglich wahrnehmen kannst, wenn du sie brauchst.

Denn viel zu oft nehmen wir einfach so hin, dass wir vielleicht gerade „nicht gut drauf sind", weil es uns vielleicht gar nicht so bewusst ist, dass es viel klüger wäre, so früh wie möglich etwas dagegen zu tun. Das ist wie bei Schmerzmedikamenten, wenn der Schmerz noch nicht so groß ist, hilft bereits eine geringe Dosis, doch lassen wir ihn einmal überhandnehmen, hilft auch oft eine höhere Dosis nicht mehr.

Das nächste Mal, wenn du bemerkst, deine Gedanken sind negativ-lastig, nutze eine deiner Glücks-Interventionen. Das geht, wie gesagt, am einfachsten mit positiven Gedanken, Mini-Handlungen, oder Erinnerungen. Denn unser Gehirn kann im Grunde ja nicht mal unterscheiden, ob du etwas tatsächlich tust oder es dir nur vorstellst.

3. Was möchtest du wirklich?

Gratuliere, du hast dir gerade ein kleines Fensterchen zum Glück geöffnet. Ein kleiner Spalt im Bewusstsein, wo du dich für einen kurzen Moment durch deine Intervention gut fühlst. Im dritten und letzten Schritt kannst du dieses Fenster dazu nutzen, um bewusst eine neue Entscheidung zu treffen.

Denn natürlich ist Glücklichsein eine Entscheidung, natürlich hat es etwas mit dem Grad unserer Bewusstheit zu tun, natürlich sollten wir Dinge nicht so ernst nehmen. Danke an alle schlauen Menschen, die uns mit ihren Ratschlägen – auch wenn sie in dem Moment sinnlos sind – immer wieder daran erinnern. Aber ich finde Glücklichsein, genauso wie Achtsamkeit, Bewusstsein etc. muss etwas ganz Praktisches und Alltagstaugliches sein.

Irgendwann kam für mich die Erkenntnis, dass ich mit mir selber nicht besonders gut diskutieren und argumentieren kann und keine besonders guten Entscheidungen treffe, wenn ich gerade in einem gelinde gesagt „bescheuerten Zustand" bin. Oder hast du schon mal versucht, mit einem Kleinkind, das gerade einen Wutanfall hat, über logische und vernünftige Lösungen zu diskutieren? Eben. Es funktioniert nicht.

Erst wenn du den Fuß wieder in der Tür von Bewusstsein und Glück hast, kannst du eine neue, bessere Entscheidung treffen.

Als dritten Schritt frage ich mich immer, „Was möchte ich denn gerade wirklich?". Dann zeige ich mir zwei Wege auf: A) Der Weg bzw. das Ergebnis, das dabei rauskommt, wenn ich mich fürs Glücklichsein entscheide. Oder B) der Weg, wie die Ereignisse vermutlich weitergehen werden, wenn ich weiter im wütenden/enttäuschten/etc. Zustand bleibe.

Wenn ich noch einen Schritt weitergehen möchte, frage ich mich auch sogar manchmal, „Was würde die Selbstliebe gerade tun?“. Dabei kommen manchmal wirklich sehr spannende Antworten heraus.

Ich möchte hier ganz ehrlich sein. Ja, ab und zu kommt dabei auch etwas nicht ganz so Vernünftiges heraus, z.B. „eigentlich möchte ich jetzt streiten“, oder „jetzt möchte ich wissen, was passiert, wenn ich nicht nachgebe“, oder was auch immer.

Das ist ok. Wenigstens triffst du die Entscheidung bewusst und aus einem Raum heraus, wo du durch die Intervention wieder handlungsfähig geworden bist.

Und du darfst natürlich so weitermachen wie bisher, aber in dem Wissen, dass es auch nur 3 kleine Schritte ins Glück wären.

Für was entscheidest du dich also?

Wenn es so einfach ist, sich für Glück, vielleicht sogar Nachsicht, Freude, Selbstliebe usw. zu entscheiden, ist es da nicht einen Versuch wert?

Probiere den Glücksschalter gerne das nächste Mal aus.

1. Erlaube dir auch mal, nicht glücklich (oder heilig) zu sein.

2. Führe eine deiner kleinen Interventionshandlungen oder -gedanken aus (egal wie du gerade drauf bist).

3. Triff eine neue Entscheidung, „was möchte ich eigentlich gerade wirklich? A oder B?“.

1, 2, 3... zack und schon glücklich!

In diesem Sinne, viel Freude, immer wieder und immer öfter deinen eigenen, ganz persönlichen Glücksschalter umzulegen.

Catherine LifeDesign

Foto: Catherine LifeDesign

Catherine ist hochsensibel und eine Scanner-Persönlichkeit (mit 1.000 verschiedenen Ideen & Interessen). Trotzdem oder gerade deswegen hat sie den Weg zur leidenschaftlichen, erfolgreichen Unternehmerin geschafft. Sie bemerkte früh, dass der typische „Mach-was-dir-gesagt-wird“ 9-5 Job und jegliche festgefahrene Struktur nicht das Wahre für sie sind.

Seitdem begleitet sie vielinteressierte Frauen mit viel Ehrlichkeit und Humor dabei ihre Berufung (statt einem Beruf!) zu finden und ihre Fähigkeiten in ein eigenes geniales online Angebot und komplett selbstbestimmtes Business zu verpacken.

Sie scheut auch nicht davor zurück, über ihre Misserfolge, von Burnout, Scheidung und Erfolglosigkeit zu sprechen, die ihren Weg zum Erfolg gepflastert haben. Mittlerweile lebt sie als erfolgreiche Autorin, Berufungs- & Business-Koryphäe mit ihrem Traumpartner auf der Trauminsel Zypern am Mittelmeer und findet jeden Tag neue Wege, ihr Leben noch leichter und schöner zu machen. Danach hat sie auch ihr Unternehmen LifeDesign benannt, weil sie nie müde wird, ihr Leben genauso zu gestalten, wie sie das möchte. Unter anderem ist sie auch die Begründerin von EnergieDesign© – „manage deine Energie, nicht deine Zeit" und Intuitivem Zeitmanagement© – „das Ende von müssen".

www.mylifedesign.biz
www.facebook.com/mylifedesign.biz

Erreichen

Wenn ich darüber nachdenke, was ich noch erreichen will, dann kommt da viel und nichts. Viel da ich so viel noch erreichen will und nichts, da ich mich irgendwie auf die Situation einlassen will, treiben lassen will. Ich entdecke an mir immer noch die Glaubenssätze, ich muss alles vorgeplant haben und auf alles perfekt vorbereitet sein. Doch dies verhärtet mich und stresst zudem auch noch immens. Ich entdecke gerade sehr die magische Kraft von Impulsen. Immer mehr empfinde ich sie und lasse zu, dass ich auf sie reagiere. Impulse sind die Antimaterie von Planung. Ich lasse mich gerne und offenen Auges immer mehr in dieses schwarze Loch hineinsaugen.

Christin Kunze

Folge deinem Herzensweg – Wie ich über Umwege doch noch nach Hause fand

Selina Röttinger

Folge deinem Herzen, finde deine Berufung! Klingt gut. Was aber, wenn ich gar nicht weiß, was ich eigentlich möchte und Angst davor habe, falsche Entscheidungen zu treffen?

Der Wendepunkt

Kennst du dieses Gefühl, wenn du an einem Wendepunkt in deinem Leben stehst? Vielleicht warst du dort, weil du ein Ziel erreicht hattest und sich danach so eine Leere einstellte. Weil du erstmals nicht wusstest, wo du weiter machen solltest.

Vielleicht war es aber auch so ein Moment, in dem du gemerkt hast, hey, da ist was in meinem Leben, das möchte ich nicht. Und das möchte ich so vor allem nicht. Ich möchte es anders, ich möchte es besser. Ich möchte mein Wunschleben kreieren.

Also ich war schon sehr oft an diesem Wendepunkt. Sehr oft.

Und ich nehme dich mit auf eine Reise zu meinem Wendepunkt.

Es ist ein großer Platz, ein großer runder schön angelegter Platz, an dem gärtnerisch eine richtige Traumwelt entstanden ist. Die Sonne scheint und du spürst, wie diese wohlige Wärme leicht auf deiner Haut brennt und dich von innen wärmt. Der Himmel strahlt blau und keine Wolke ist in Sicht. Die Vögel zwitschern und singen dir ihr Lied. Es klingt wunderschön und du spürst, dass sie dir etwas sagen wollen. Du fühlst dich wohl, aber du verstehst es noch nicht so richtig. Federleicht spazierst du über diesen zauberhaften Platz. Vom nahegelegenen Rosenstrauch steigt dir dieser betörende Duft in die Nase. Du atmest ihn tief ein und tief aus. Ahhh, du könntest dich richtig satt riechen an diesem Duft der Rosen. Der Rosenstrauch betört dich nicht nur mit dem Duft, sondern auch mit seiner Schönheit. Die Rosenblüten strotzen vor Eleganz, Anmut und Stolz.

Dieser Platz, an dem du gerade bist, mit den verzaubernden Blumenbeeten, sieht aus wie ein Paradies, ein Ort, an dem man verweilen kann. Er lädt dich zum Ausruhen ein.

Das ist er, mein Wendepunkt.

An einer Ecke, umrankt von schönen grünen Blättern, steht eine Bank. Es ist eine ganz einfache Holzbank.

Du läufst darauf zu und auf der Bank, da ist dein Name eingraviert. Erstaunt blickst du dich um. Außer dem Gesang der Vögel ist da niemand.

Du setzt dich. Das ist zwar nur so eine olle Holzbank, aber ganz überrascht nimmst du wahr, wie bequem diese Bank doch ist. Hier möchtest du bleiben und Kraft sammeln.

Du wirst dir richtig bewusst, was alles hinter dir liegt. Du schaust in Richtung des Weges, den du gekommen bist und atmest noch mal tief durch. Du bist einen steinigen und schwierigen Weg bis hierher gegangen. Es gab schöne Momente in Fülle und voller Freude. Genauso gab es auch Momente, in denen du glaubtest, du schaffst es nicht. Aber du bist immer weiter gegangen und bist jetzt an diesem Wendepunkt angelangt, in dieser Oase.

Du spürst, dass dir etwas Großartiges bevorsteht, dass sich dein Leben verändern wird, dass du alles drehen kannst und sich etwas bewegen wird. Dass du dir so ein richtiges Traumleben erschaffen kannst.

Während du auf der Bank sitzt und dich noch ausruhst, lässt du deinen Blick schweifen. Du bist schon so weit in deinem Leben gegangen und hast schon so viel erlebt. Doch jetzt in diesem Moment weißt du noch gar nicht, in welche Richtung es weitergeht.

Zwischen all dem Grün auf diesem zauberhaften Platz entdeckst du ganz viele kleine Trampelpfade. Einige wurden scheinbar schon öfter benutzt und sind schon richtig fest ausgetreten. Bei anderen kannst du nur erahnen, dass es sich um einen Weg handelt. Wieder andere scheinen so zugewachsen zu sein, dass du dir den Weg richtig freikämpfen müsstest. Diese Pfade gehen in alle Richtungen ab. In alle Richtungen. Die ganze Welt steht dir offen. Du musst dich nur noch für einen Weg entscheiden und losgehen.

Und jetzt sitzt du da auf dieser Bank und denkst dir: Ja wohin? Du blickst dich fast schon panisch um und suchst nach einem Wegweiser, nach einer Schatzkarte. Erst zaghaft, dann lauter rufst du: Hallo? Hallo? Ist hier jemand? Gibt es hier einen Guide? Aber da ist keiner. Du bist ganz alleine.

Vielleicht nimmst du dein Handy aus der Tasche und überlegst, den Telefonjoker zu wählen, einfach um Rat fragen. Es steht dir frei. Es ist alles erlaubt. Du darfst so viele Menschen anrufen, wie du willst. Aber jeder wird dir etwas anderes erzählen. Jeder wird dir raten, einen anderen Weg zu nehmen. Jeder wird seine eigenen Erfahrungen weitergeben und alle wünschen dir von Herzen alles Gute und wollen dir helfen.

Mutlos lässt du dein Handy wieder sinken. Wo entlang gehst du jetzt nun? Du weißt es noch nicht. Also bleibst du zunächst auf deiner Bank sitzen.

Genauso sieht mein Wendepunkt aus. Ein Ort, an dem man gerne ist, wo man schon die Vorfreude spürt, wie toll das Leben sein kann und sein wird. Wo man sich in seinen Träumen verliert, aber wo gleichzeitig auch eine Unsicherheit hochkommt. Wohin soll ich nur gehen?

Vielleicht sieht dein Wendepunkt ähnlich aus. Vielleicht ist er auch dunkel und grau und du willst so schnell wie möglich weiter. Vielleicht entscheidest du dich ganz schnell für irgendeinen Weg, damit du nur wegkommst.

Jeder kennt diese Wendepunkte in seinem Leben. Die Momente, an denen Entscheidungen und Veränderungen anstehen.

Die größte Hürde hast du schon hinter dir, weil du erkannt hast, dass sich etwas in deinem Leben verändern muss und wird.

Ich habe mal an einem Wendepunkt entschieden, eine Weltreise zu machen. Daraus wurde eine elfmonatige Reise durch Lateinamerika, wo ich nicht nur in die verschiedenen Kulturen eingetaucht bin und Spanisch gelernt habe, sondern ein ganz großes Stück von Freiheit spüren durfte. Ich war so mutig, alleine als Frau zu reisen und es war eine der besten Entscheidungen meines Lebens. Eine Entscheidung, bei der ich meiner Intuition gefolgt bin.

Als ich zurückkam, zurück in mein altes Leben, zurück in meinen alten Job, war mir gleich von Anfang an klar, dass das nicht das Leben ist, das ich möchte. Also machte ich mich wieder auf den Weg zu meinem Wendepunkt. Zu diesem Platz und zu dieser Bank, auf der mein Name steht.

An meinem Wendepunkt saß ich dann rund ein Jahr lang und konnte mich einfach nicht entscheiden, welchen Weg ich jetzt einschlagen sollte. Ich lief immer mal wieder ein paar Meter einen Weg entlang und hatte dann den Impuls umzukehren und einen anderen auszuprobieren.

Ich habe mich an diesem Platz ausgeruht und Kraft getankt für meine nächste Reise. Ich habe das Leben genossen, aber wusste nicht wohin es mich führen wird. Ich fühlte mich ziellos und auch ein bisschen verloren.

Auf meiner Reise nach Lateinamerika hatte ich mich verliebt. Ausgerechnet in einen Chilenen, einen richtigen Latino. Eigentlich wollte ich nie einen ausländischen Freund haben. Nicht, dass ich etwas gegen Ausländer hätte. Ich bin ein sehr toleranter Mensch. Aber ich wollte immer, dass mich mein Partner hundertprozentig versteht. Dafür musste er natürlich Deutsch sprechen können. Mittlerweile weiß ich, dass dieser Glaubenssatz natürlich nicht wahr ist. Wer sagt denn, dass Verstehen nur mit Worten gehen kann? Aber limitierende Glaubenssätze habe ich noch immer viele.

Nach 1,5 Jahren Fernbeziehung war uns klar, dass wir zusammenleben wollen. Fernbeziehungen machen einfach keinen Spaß. Und plötzlich fand ich an meinem Wendepunkt einen Wegweiser, der in Richtung eines netten kleinen Pfades zeigte. Auf rustikalem Holz stand in weißer Schrift CHILE. Glücklich über diese Fügung des Lebens traf ich eine Entscheidung mit meinem Verstand. Auf nach Chile! Ob ich nun in Deutschland nicht weiß, was ich mit meinem Leben anfangen soll, oder woanders, macht doch keinen Unterscheid. Ich kündigte also meinen Job und machte mich auf eine Reise.

Die Proteste

Kurz nach meiner Ankunft kam es in Chile zu heftigen Protesten.

Alles fing ganz harmlos an und wenn ich ehrlich bin, habe ich mir am Anfang die Ausmaße nicht vorstellen können, als es an einem Freitag im Oktober 2019 zu Unruhen an der U-Bahn Linie 1 kam. Diese U-Bahn Linie 1 schlängelt sich von Osten nach Westen durch Santiagos Zentrum, von ärmeren Vierteln zu den wohlhabenden Bereichen der Stadt.

Während ich vorbildlich meine Fahrkarte am Drehkreuz entwertete, fielen mir bereits einige junge Menschen auf, die das Drehkreuz einfach übersprangen und sich offensichtlich zum Schwarzfahren entschieden. Der Bahnsteig war gerammelt voll und ich wunderte mich, was hier eigentlich los war. Nach einer Station stieg ich in eine andere Linie um und dort war alles völlig normal. Als ich wieder zurück nach Hause wollte, riet mir mein Freund, dass ich die U-Bahn besser meiden sollte. Es kam scheinbar zu größeren Auseinandersetzungen. Einige chilenische Studenten demonstrierten gegen die Preiserhöhung des öffentlichen Nahverkehrs.

Auch ich hatte mich schon über die hohen Fahrkartenpreise in Chiles Hauptstadt geärgert. In den letzten Jahren wohnte ich in Berlin und konnte mit meiner sexy BVG Monatskarte für rund 60 Euro im Monat unbegrenzt alle öffentlichen Verkehrsmittel nutzen. Hier in Santiago musste ich tatsächlich jede Fahrt einzeln zahlen. Klar, eine Einzelfahrt war in Santiago wesentlich günstiger und lag bei rund 1 Euro.

Hochgerechnet auf einen Monat bei täglich 2 Fahrten kommen aber auch hier schnell 60 Euro im Monat zusammen. Von Flexibilität möchte ich gar nicht sprechen. Als Gerechtigkeits-fanatikerin empfinde ich diese Preisgestaltung als unfair. Sollten nicht die Stammkunden dafür belohnt werden, dass sie die Bahn täglich nutzen und dafür Gelegenheitsfahrer und Touristen stärker in die Tasche greifen?

Besonders die ärmere Bevölkerung, die oft am Stadtrand wohnte, wurde durch diese Preise stark gebeutelt. Der durchschnittliche Bruttomonatslohn liegt bei unter 800 Euro bei in der Regel 45-Stundenwochen und 15 Tagen Urlaub im Jahr. Ich würde mir wünschen, dass damit auch die Lebenshaltungskosten wesentlich geringer wären. Dem ist leider nicht so.

An diesem ersten Freitag der Proteste machte ich mich am Abend mit meinem Freund auf dem Weg zu einem Fitnesskurs. Wir überquerten gerade eine große Straße, als mir auf einmal ein beißender Geruch in die Nase stieg und meine Augen sofort brannten. Tränenüberströmt blickte ich mich nach der Ursache dieser Attacke um. Aber ich konnte nichts erkennen. Die Straße war leer und mucksmäuschenstill. Krampfhaft drückte ich mir meinen Pullover vor Mund und Augen. Erst nach 2-3 Minuten schnellem Gehen verflog langsam die Wolke voller Tränengas. Noch immer nach Luft ringend, fragte ich meinen Freund, was hier gerade passiert sei und wer für die plötzliche Tränengasattacke verantwortlich sei. Auch er hatte keine konkrete Antwort. Erst nach rund 20 Minuten hatte sich meine Lunge wieder vollständig erholt und ich konnte wieder frei atmen. Beklemmt malte ich mir aus, wie schrecklich es für jemanden sein musste, der nicht nur durch eine verwehte Wolke Tränengas lief, sondern unmittelbares Opfer eines solchen Angriffs wurde.

All das war der Beginn mehrwöchiger Proteste in Chile, mit denen die Mehrheit der Bevölkerung sympathisierte. Die Bewegung, die mit der Entrüstung über die Erhöhung der Bahnpreise begann, wandelte sich innerhalb weniger Tage zu Protesten für allgemeine soziale Verbesserungen. Nahezu alle Chilenen hatten mindestens einen Grund zur Klage. Viele beschwerten sich über die mangelnde öffentliche Krankenversorgung, bei der zum Teil Kranke verstarben, während sie auf einen OP-Termin warteten. Andere zog es auf die Straße, um für ein gerechteres Bildungssystem zu kämpfen. Denn gute Bildung in Chile ist teuer. Wieder andere protestieren für eine Verbesserung des Rentensystems, bei dem die aktuellen Kalkulationen nicht für ein menschenwürdiges Altern ausreichten. Die Schere zwischen Arm und Reich ist groß.

Auf den Straßen nahe meiner Wohnung zogen jeden Tag Menschenmassen mit Plakaten und Parolen entlang, es gab Fahrrad-Kolonnen und Hupkonzerte der Autos. Auch in den Nächten hörte man in der Ferne die rhythmischen Klänge der Kochlöffel, die auf Töpfe geschlagen wurden. Es war die Musik des Protestes. Überwältigt von dieser Solidarität und dem furchtlosen Protest, der sich über Nacht gebildet hatte, lehnte auch ich mich mit Kochlöffel und Topf bewaffnet aus dem Fenster und klopfte für ein besseres Chile.

Einige Male zog uns diese unfassbare Stimmung auf die Straße und wir schlossen uns friedlichen Demonstrationen an. Selbstverständlich mit etwas Sicherheitsabstand. Ich war in Hochstimmung, angesteckt von dem Mut dieser jungen Chilenen, die für ihre Überzeugungen einstanden, kurz nachdem Chile einer grausamen Militärdiktatur entkommen war.

Aus sicherer Entfernung beobachtete ich die Demonstrationen und nährte mich an dem Gefühl der Hoffnung. Gleichzeitig sah ich zu, wie Polizei und Militär versuchten, die Menschenmassen mit Tränengas und Wasserwerfern zu kontrollieren. Wie sich die Protestanten dennoch ihren Weg bahnten und immer wieder „sin violencia, sin violencia – ohne Gewalt, ohne Gewalt“ riefen. Ich flankierte die Bewegung der Masse und kam an schwer bewaffneten Soldaten vorbei. Mein Herz gefror ein Stück, als mir bewusst wurde, dass diese bereit waren, jederzeit zu schießen.

Ich sah, wie aggressive Demonstranten Ampeln zerstörten, Mauern in den Parks zertrümmerten, um die Steine als Wurfgeschosse zu benutzen und brennende Straßenbarrikaden errichteten.

Neben dem Gefühl der Zugehörigkeit und des Optimismus wuchs damit mit jedem Tag auch ein kleines bisschen die Angst. Ich bin 1990 in Deutschland geboren und aufgewachsen. Für mich gab es in meiner Kindheit und Jugend immer nur ein Deutschland. Von der Teilung des Landes, von den

Problemen und von Auseinandersetzungen, spürte ich wenig. Ich fühlte mich immer sicher und frei und war privilegiert mit so vielen Grundrechten. Die ganze Welt stand mir offen. Ich genoss eine kostenlose hervorragende Schulbildung und hatte freie Studienwahl, unabhängig vom Einkommen meiner Eltern. Erst hier in Chile merkte ich schmerzhaft, wie zerbrechlich meine Vorstellung von Freiheit eigentlich war. Innerhalb weniger Tage wurde der Notstand ausgerufen, Ausgangssperren zwischen 22 Uhr und 5 Uhr wurden verhängt. Ich durfte mich nicht mehr frei bewegen und die Straßen füllten sich mit Panzern und Militär.

Ich war erstaunt, wie schnell ich mich an das neue Straßenbild gewöhnte. Wie mit Hölzern verbarrikadierte Läden für mich normal wurden, wie sich Auseinandersetzungen mit der Polizei abspielten und auf der anderen Straßenseite Menschen und Familien ihr normales Leben lebten. Ich gewöhnte mich daran, vor dem Supermarkt Schlange zu stehen, am Abend das Haus nicht mehr zu verlassen und ich gewöhnte mich an das Bild der Zerstörung.

Die Proteste wurden zu meiner Wahrheit, die Normalität wurde, mich gleichzeitig aber auch schockierte. An einem Tag erinnere ich mich sehr genau. Ich wurde, wie so oft in diesen Tagen, früher von der Arbeit nach Hause geschickt, da es wieder zu Protesten in unserem sonst so sicheren Stadtteil kam. Auch mein Freund hatte sich seinen Weg in schicker Arbeitskleidung, vorbei an brennenden Barrikaden und fliegenden Steinen, gebahnt.

Während die Angst mich immer fester umpackte, nahm mein Freund die Situation mit gewohnter Leichtigkeit. Ich beschloss, das Haus an diesem Tag unter keinen Umständen mehr zu verlassen und er verabredete sich, um in einem weiter entfernten Supermarkt einkaufen zu gehen. Keine zehn Pferde hätten mich zurück auf diese Straße des Krieges gebracht. Also blieb ich alleine im Haus zurück. Gedankenverloren blickte ich aus dem Fenster und nahm in der Ferne den Rauch einer brennenden Straßenblockade wahr. Unter meinen Füßen riefen Menschen wild umher. Plötzlich bewegte sich eine Menschentraube auf meine Straße zu, vollgepackt mit Hygieneartikeln, Windeln, Toilettenpapier und anderer Ware. Seufzend bemerkte ich, dass wohl die nahegelegene Apotheke geplündert wurde. Ob den Menschen eigentlich klar war, dass sie damit oft Einzelpersonen schadeten, denen es ganz ähnlich erging wie ihnen? Das Treiben auf der Straße beruhigte sich wieder etwas und drei junge Männer in weißen Kitteln gerieten in mein Blickfeld. Eine Gruppe weiterer Demonstranten näherte sich ihnen, stützend einen jungen Mann im Arm. Er schien verletzt zu sein. Die jungen Männer in weißen Kitteln schienen Medizinstudenten zu sein und kümmerten sich liebevoll um den Verletzten. Die Szene von meinem Fenster aus zu beobachten, fühlte sich so unfassbar irreal an. Überall rannten Menschen umher, schrien und lieferten sich eine Schlacht mit der Polizei.

Angefüllt von den Emotionen anderer wandte ich meinen Blick ab. Ich fühlte mich bedrückt, voller

Hoffnung und gleichzeitig so voller Trauer angesichts all dieser Zerstörung und des Leides.

Auf unserer Straße nahmen die Proteste wieder neue Fahrt auf. Unwillkürlich zog es mich wieder zum Fenster. Ich beobachtete, dass auch auf den Dächern und Terrassen der umliegenden Häuser sich Menschen wie ich in den Bann der Aktionen auf der Straße ziehen ließen. Aus sicherer Entfernung auf meinem Sofa sitzend blickte ich durch das Fenster in die Tiefe und nahm die Schwingungen der Proteste auf. Unsere Straße verband die zwei Hauptverkehrsstraßen, an denen die U-Bahn Linie 1 entlangfuhr und es immer wieder zu Ausschreitungen kam. Immer wieder rannten Menschentrauben zwischen den großen Straßen hin und her. Es schien mir wie ein Katz- und Mausspiel, das sich hauptsächlich im Kreis drehte.

Mit einem Mal schlug die Stimmung auf der Straße um. Ich sah Menschen von einer Richtung in die andere rennen, als hinge ihr Leben davon ab. Aus dem zuvor spaßigen Katz- und Mausspiel wurde Ernst. Auf der gegenüberliegenden Straßenseite ließ der Besitzer eines chinesischen Restaurants einen Großteil der Protestanten in sein Restaurant, schloss blitzschnell die Tür und verbarrikadierte sich mit ein paar Dutzend Demonstranten im Inneren.

Innerhalb von wenigen Minuten war die Straße wie leergefegt. Das Gekreische und die lauten Protestrufe verhallten im Nichts und es wurde mucksmäuschenstill. Unwillkürlich hielt ich den Atem an. Nur vereinzelt sah ich noch einige junge Männer die Straße entlanglaufen. Sofort keimte in mir der Verdacht hoch, dass sie jetzt in der Falle säßen.

Wenige Minuten später füllte sich meine Straße wieder. 5 Polizeitransporter hielten direkt vor meinem Haus und parkten dort. Einige Polizisten stiegen aus den Autos und besprachen die Lage. Instinktiv zuckte ich ein wenig vom Fenster zurück. Ich dachte sofort an meinen Freund, der unter keinen Umständen JETZT zurückkommen durfte. Während ich ihm eine Nachricht schrieb, beobachtete ich weiter das Geschehen auf der Straße. Seine Antwort beruhigte mich keineswegs. Ich solle mich vom Fenster entfernen, um nicht versehentlich von einer fehlgeleiteten Kugel getroffen zu werden. In mir mischte sich Angst mit Neugierde.

Etwas geduckt und im Schutz meiner Sofalehne betrachtete ich die Straße. Ich fühlte mich wie in einem schlechten Krimi. Gebannt sah ich zu, wie die Polizei einige Personen aufspürte und ihnen Handschellen anlegte. Als die jungen Verhafteten in das Innere des Transporters geschoben wurden, kroch ein eisiges Gefühl in meinen Körper. Wie gelähmt saß ich da und dachte an all die Geschichten, die ich in den letzten Tagen gehört habe. Geschichten über Folter, Vergewaltigungen und harte Gefängnisstrafen.

Voller Mitgefühl und der Hoffnung, dass die frisch Verhafteten fair behandelt wurden, wandte ich mich ab. Dieser Anblick hatte etwas in mir verändert. Mir wurde schmerzhaft bewusst, dass Freiheit und Sicherheit keineswegs selbstverständlich waren.

So schnell und heftig die Proteste gekommen waren, so schnell waren sie auf einmal wieder vorbei. Santiago überzog zwar eine Wolke kleinerer Verwüstungen, aber die Bevölkerung war müde. Die Zugeständnisse, die die Regierung machten, waren aus meiner Sicht unzureichend. Es hatte sich so gut wie nichts verändert. Dennoch wurde es in meinem Wohnviertel wieder still. Der Beginn des Sommers und der Ferien weckten bei den Chilenen das Bedürfnis nach einer Auszeit und Urlaub.

Die Quarantäne

Nachdem wir ein paar Wochen Ruhe hatten und ich so richtig in die chilenische Arbeitswelt eintauchte, bahnte sich die nächste Katastrophe an.

Ich erinnere mich noch genau, wie ich im März 2020 mit meinen Eltern und meinen Freunden telefonierte und diese mich über die Auswirkungen der COVID-19-Pandemie mit all ihren Ängsten und Sorgen unterrichteten. Zu diesem Zeitpunkt war es für mich so, als würde ich in einem Fantasy-Roman lesen. Ich spürte die Unsicherheit und war erstaunt über die Einschränkungen, die sich für alle Europäer ergaben. Mich betraf das aber erstmal nicht. Ich ging aus, genoss den chilenischen Spätsommer und fühlte mich frei und unabhängig. Zu diesem Zeitpunkt hatte ich mich entschieden, mein Leben neu auszurichten.

Die Realität traf mich nur eine Woche später hart und heftig. Mitte März kam die Pandemie auch in Chile an. In den ersten Wochen packte mich die Sorge, ich bekam Halsschmerzen und Ausschlag auf der Haut.

Aus Angst, ich könnte womöglich krank sein und andere anstecken, blieb ich zuhause. Auch mein Freund arbeitete ab sofort im Home Office.

Die Regierung reagierte schnell. Bereits nach wenigen Tagen wurden Ausgangssperren verhängt. Ein Zustand, der mich nicht erschütterte, da ich diese Ausgangssperren über Nacht ja schon aus den Zeiten der Proteste kannte. Kurz darauf begann für unseren Stadtteil die Quarantäne. Wie gelähmt beobachtete ich, wie ich meiner Freiheit erneut beraubt wurde. Anders als bei den vorangegangenen Ausgangssperren durften wir nun unser Haus nur noch mit zuvor beantragter Genehmigung verlassen.

Schon beim Blick aus dem Fenster stieg in mir die Beklommenheit auf. Ich dachte erneut an meine Kindheit, an das Leben in Deutschland und wie es für mich eine Selbstverständlichkeit war, jederzeit das zu tun, was ich wollte. Diese Freiheit verschmolz mit mir, wurde Teil meiner Identität. Ich saß auf dem Sofa und starrte in die Ferne. Mein Blick blieb an der Jungfrau Statue auf dem Cerro San Cristóbal haften. Ich dachte darüber nach, was es bedeutete, nicht mehr spazieren gehen zu dürfen. Was es bedeutete, sich auf den Straßen unsicher zu fühlen. Was es bedeutete, eine Erlaubnis zu beantragen, um einkaufen gehen zu dürfen. Was es bedeutete, das Haus nur noch mit Maske verlassen zu dürfen. Was es bedeutete, ohne oder mit falscher Erlaubnis von der Polizei auf der Straße angetroffen zu werden. Bilder der Proteste, der Kämpfe zwischen Polizei und Demonstranten liefen vor meinem inneren Auge ab.

In diesem Augenblick, als ich aus dem Fenster schaute und mir bewusst wurde, was da gerade geschieht, durchzog mich ein tiefer seelischer Schmerz. Die in mir so verwurzelte, in meiner DNA verankerte Freiheit wurde mir mit einem Ruck entrissen. Ich fühlte, wie ein Teil von mir in diesem Augenblick starb.

Ich war gefangen.

Diese erste Phase der Quarantäne und der Adaption der neuen Situation war nicht leicht für mich. Wollte ich doch immer stark sein, pendelte ich jetzt zwischen Phasen der Verzweiflung und der gespielten Gelassenheit hin und her. Ich merkte, wie dünnhäutig ich über die letzten Monate bereits geworden war.

Dazu war ich nun schon seit einiger Zeit permanent mit meinem Freund zusammen, wünschte mir Zeit und Raum für mich. Ich wusste nicht, wohin mit mir, fragte viel nach dem Sinn des Lebens und fühlte mich verloren. In diesen ersten Wochen wusste ich, dass ich mein Leben nicht mehr in der Hand hatte. Ich wurde gelebt.

Ich passte mich dem Arbeitsrhythmus meines Freundes an, hielt mich mit Weiterbildungen verschiedenster Art beschäftigt und spielte mir und meinen sich um mich sorgenden Liebsten in Deutschland die tapfere und mutige Frau vor, die ich sein wollte. Ich erlaubte mir nicht, zu verzweifeln, wo ich doch wusste, dass es mir vergleichsweise gut ging. Ich hatte ein sicheres Zuhause, eine liebevolle und verständnisvolle Partnerschaft, ich hatte genug zu essen und genug Erspartes auf meinem Konto, um noch einige Zeit überleben zu können.

Doch mehr und mehr verzog ich mich in mein Schneckenhaus. Als nach rund 2,5 Wochen die Quarantäne für meinen Stadtteil kurzfristig aufgehoben wurde, bemühte ich mich einige Male, mit Maske spazieren zu gehen, spürte aber eine grundsätzliche Lustlosigkeit und Lebensmüdigkeit in mir wachsen. Ich war erschöpft.

Ich hatte einen wundervollen Sommer in Europa geplant, wollte im Juni nach Deutschland zurückkehren, hatte Reisepläne nach Spanien und Malta. Die Vorfreude auf diese schöne Zeit, hatte mich die ganze Zeit durchhalten lassen, hatte mich stark sein lassen und mir geholfen, die Bilder der Proteste zu verarbeiten. Mein Rückflug wurde aufgrund der weltweiten Lage jedoch immer wieder storniert und bei jedem erneut gecancelten Flug und jedem Traum, der dadurch wie eine Seifenblase zerplatzte, starb auch ein Teil von meinem Mut und meiner Zuversicht. Erst als ganz Santiago ein weiteres Mal unter Quarantäne stand und ich das Haus erneut nicht mehr verlassen durfte, realisierte ich, dass ich bis mindestens August in dieser misslichen Lage feststeckte. Während die Sonne die Nachbarhäuser mit ihrem Strahlen verzauberte, ließ sie sich in meinem Leben und meiner Wohnung nicht mehr blicken. Es wurde langsam Winter und die Kälte in der heizungslosen Wohnung drang tief in meinen Körper ein. Dieser Aufenthalt in Chile hatte sich zu meinem persönlichen Albtraum verwandelt. Und so sehr ich meinen Freund auch liebte, kam ich nicht umhin, auch ihn für meine Situation verantwortlich zu machen. Ich hatte keine Kraft und keine Lust mehr und gab mich der Hilflosigkeit und dem Drama hin.

Erst in diesem Moment, gestand ich es mir ein und erlaubte mir, am Boden zu sein.

Ich riss meine mühsam errichtete und aufrecht erhaltene Fassade ein und ließ los. Ich hatte keine Kontrolle.

Es ist erstaunlich, was alles passiert, wenn wir uns erstmal erlauben loszulassen, wenn wir uns erst mal erlauben, nicht stark sein zu müssen, sondern uns stattdessen den Gedanken erlauben, dass wir unser Leben an die Wand gefahren haben. Fast täglich fragte ich mich, warum sowas immer mir passiert? Ich fragte mich, was ich verbrochen hatte, um jetzt so leiden zu müssen. Als ich mir eingestehen konnte, dass mein Leben gerade echt beschissen ist, wurde es auf einmal ganz still in mir.

All der Druck, den ich mir gemacht hatte, fiel von mir ab. All die Ablenkungen im Außen waren weg und ich verspürte auf einmal eine tiefe Leere in mir. In dieser Stille und Leere meldete sich eine leise Stimme zu Wort, die mir sachte in mein Ohr flüsterte, dass es an mir lag. Dass mir das passierte, weil ich etwas Entscheidendes in meinem Leben noch nicht begriffen hatte. An meiner Situation hatten weder Chile oder mein Freund Schuld. Das war ich. Ich hatte all das in mein Leben gelassen, weil ich die Verantwortung für mein Leben abgegeben hatte. Ich war schon lange keine Gestalterin mehr meines Lebens, sondern eine Mitläuferin. Und auf einmal saß ich wieder auf der Holzbank an meinem Wendepunkt.

Die Erkenntnis traf mich wie ein Blitzschlag, als ich realisierte, dass ich mich schon so lange über das

Außen definierte. Erst als alle Ablenkungen und Beschäftigungen weg waren, begriff ich, dass ich keinen blassen Schimmer hatte, wer ich eigentlich war. Obwohl ich so krampfhaft versucht hatte, die Kontrolle zu behalten, hatte ich sie schon lange abgegeben.

An diesem Tag begann eine Reise zu mir selbst. Vor einigen Wochen hatte ich ein Buch über Vielbegabung gelesen und fühlte mich sofort dieser Gruppe von Menschen zugehörig. Ich suchte nach Gleichgesinnten auf Social Media. Ich las Ratgeber und stieß nach kurzer Zeit auf die Begriffe Frugalismus und Hochsensibilität. Sofort fühlte ich, dass ich auf dem richtigen Weg war. Ich wusste, dass der Austausch mit diesen Menschen ein Puzzleteil beinhalten würde, für den Weg zu meiner wahren Essenz.

Ich war insgesamt fast vier Monate in Quarantäne und nutzte den größten Teil dieser Zeit in Stille, um mich auszuruhen. Ich war auf einmal müde, so müde. Mir wurde klar, dass ich wohl jahrelang über meine eigenen Grenzen gegangen war, ja nicht mal wusste, wo diese Grenzen eigentlich lagen. Durch Zufall entdeckte ich auf Social Media ein 4-wöchiges Coaching-Angebot zur Persönlichkeitsentwicklung und schlug sofort zu. Ich brauchte Unterstützung und Hilfe. Mein Ziel war es, nach diesen 4 Wochen zu wissen, in welche Richtung ich weitergehen wollte.

An meinem Wendepunkt blickte ich mich um und fand schnell einen kleinen zugewachsenen Trampelpfad, der meine Aufmerksamkeit weckte. Eine innere Stimme flüsterte mir zu, dass das mein Weg sei. Ich bewaffnete mich also mit einer Machete und setze mich in Bewegung. Ich war zu allem bereit und wild entschlossen, mich durch den Dschungel von Gewohnheiten und Glaubenssätzen zu meinem wahren Kern durchzukämpfen.

Immer wieder merkte ich, dass ich gar nicht so genau wusste, wer ich war. Tief in mir spürte ich, dass ich ein wundervoller toller Mensch war. Was ich sehen konnte, waren aber bislang nur Masken und Verkleidungen, die ich angelegt hatte, um zu gefallen.

An einem Abend machte ich eine Visualisierungsübung mit dem Ziel, mich wieder in mich selbst zu verlieben.

Mich in mich selbst verlieben? Geht das überhaupt, wenn man gar nicht mehr genau weiß, wer man ist? Schon so oft in meinem Leben hatte ich mich gefragt, ob ich zu wahrer bedingungsloser Liebe überhaupt fähig war. Stimmen breiteten sich in meinem Kopf aus. Du musst dich erst selbst lieben, bevor du andere lieben kannst.

Ich lege mich also auf mein Bett und schließe die Augen. Die Hände falte ich auf meinem Herzen ineinander. Ich atme tief ein und langsam aus. Allmählich werde ich ruhiger, wie ich da so liege und einfach nur atme. In meiner Vorstellung verlasse ich nun meinen Körper und schwebe über mir. Neugierig blicke ich auf mich hinab, wie ich ganz friedvoll mit geschlossenen Augen auf dem Bett liege.

Über meinem Kopf erscheint ein helles leuchtendes Licht. Es glitzert und funkelt und lädt mich ein auf eine Reise. Zaghaft schwebe ich auf das Licht zu und tauche ganz in es hinein. Ich frage mich angestrengt, wann ich wohl aufgehört habe, ich selbst zu sein. Wann ich wohl aufgehört habe, mich selbst bedingungslos so zu lieben, wie ich war.

Das glitzernde Licht nimmt mich mit in meine Vergangenheit. An mir vorbei rauschen die letzten schweren Monate in Chile, die Schwierigkeiten, die ich überstanden habe. Ich sehe mich auf meiner Weltreise, schaue mir bei meinen Umzügen zu und beobachte mich während meines Studiums. Ich erblicke meine Abiturfeier und meine Schulzeit. Ich sehe, wie ich zu einer jungen Frau herangewachsen war. Immer weiter zurück reise ich in meine Vergangenheit. Ich sehe mich als Teenager, spüre förmlich meine Unsicherheiten. Der Lichtstrahl bringt mich immer weiter zurück in die Vergangenheit. Die Momente ziehen an mir vorbei.

Endlich kommen wir an. Ich bin in meinem Elternhaus und sehe ein kleines Mädchen in unserer Küche stehen. Immer wieder fragt sie nach dem Sinn des Lebens und philosophiert vor sich hin. Das bin ich. Eine ganze Weile schwebe ich über mir und beobachte mein jüngeres Ich. Ich bin vielleicht sechs oder sieben Jahre alt. Nach einer ganzen Weile traue ich mich und schwebe hinunter. Ich schaue ihr tief in die Augen und lächle das junge Mädchen an. Sie lächelt zurück und strahlt mich an. Ungeduldig fragt sie: „Wo bist du denn so lange gewesen? Ich habe schon die ganze Zeit auf dich gewartet. Es gibt da jemanden, der eine besondere Botschaft für dich hat und ich soll dich zu ihm bringen. Zu dieser besonderen Person.“

Ich frage mein jüngeres Ich: „Welche besondere Person?“ „Du weißt schon. Diese besondere Person.“ Und mein jüngeres Ich nimmt mich an die Hand und gemeinsam gehen wir zu einer Tür. Diese Tür scheint aus tausenden glitzernden Lichtpartikeln zu bestehen. Geblendet von dieser Strahlkraft, kneife ich meinen Augen zusammen und drücke langsam die Türklinke nach unten. Wir treten durch die Tür hindurch und betreten einen Raum. Mein jüngeres Ich bleibt eng bei mir. In diesem Raum erwartet uns bereits eine ältere Frau. Ich kenne sie nicht, aber dennoch kommt mir ihr Gesicht sehr vertraut vor. Sofort fühle ich mich geborgen und zu Hause.

Diese ganz besondere Person kommt mit leichten Schritten auf mich zu, nimmt mich in den Arm und hält mich ganz fest. Leise flüstert sie in mein Ohr: „Du bist Liebe! Vergiss das nie.“

Genau in diesem Moment spüre ich an meiner Hand, die noch immer auf meinem Herzen liegt, eine Bewegung. In der Ferne höre ich ein leises Plopp. Ich fühle wahrhaftig, wie sich etwas aus meinem Herzen löst. Es ist ein kleiner Stein.

Ungläubig starre ich die alte Frau an und Tränen benetzen meine Wangen. Schlagartig begreife ich, dass mein Herz eingemauert ist. Dass ich es eingemauert habe und soeben durch die Liebe der erste Stein abgebröckelt ist. Endlich begreife ich.

Es ist Zeit für mich zu gehen. Mein jüngeres Ich strahlt mich an, lehnt sich an die alte Frau und sagt mir: „Ab heute ist alles anders. Danke, dass du unseren Traum nie vergessen hast. Ich glaube immer noch daran.“

Ich nehme einen tiefen Atemzug. Ich atme lange ein und vollständig wieder aus. Alleine reise ich zurück in die Gegenwart und betrachte erneut mein Leben. Ich bin wieder Teenager, eine junge erwachsene Frau und eine Reisende. Ich betrachte die letzten Jahre, die letzten Monate und die letzten Tage, bis ich wieder bei mir im Hier und Jetzt ankomme und über meinem Körper schwebe. Liebevoll blicke ich auf mich hinunter, auf meinen ruhenden Körper und auf mein von Tränen benetztes Gesicht. Ein Gefühl der Liebe durchflutet mich. Ich weiß, dass ich ein Stück meiner Liebe freigelegt habe. Ich kehre zurück in meinen Körper und öffne langsam die Augen.

Ich bin Liebe.

Mit diesem Gefühl bleibe ich im Bett liegen und schlafe wohlbehütet ein.

Als ich am nächsten Morgen aufwachte, konnte ich gar nicht begreifen, was da am letzten Abend geschehen ist. Schmerzhaft wird mir bewusst, dass ich im Laufe meines Lebens aus Angst vor Ablehnung und Verletzungen mein Herz verschlossen hatte und dass ich jetzt bereit dafür war, es wieder zu öffnen und meinen Traum zu leben. Ich bin auf dem Weg.

Ich erzähle dir meine Geschichte aus nur einem einzigen Grund. Denn du brauchst diese Geschichte in genau diesem Moment. Sie ist nur für dich bestimmt. Sie ist für dich bestimmt, wenn auch du dich manchmal verloren fühlst, wenn sich das Leben schwer anfühlt und du ständig auf der Suche bist. Es ist meine Geschichte davon, wie ich den Mut gefunden habe, meinen eigenen Weg zu gehen. Ich will auch dir Mut machen, den Weg zurück zu dir zu gehen. Er ist nicht immer einfach und manchmal sehr schmerzhaft. Aber er lohnt sich. Denn alle Antworten auf all deine Fragen liegen bereits in dir. Wenn du auf ein Zeichen wartest, in welche Richtung du deinen Wendepunkt verlassen sollst, dann sind diese Worte dein Zeichen. Worauf wartest du? Mach den ersten Schritt! Du bist Liebe!

Mittlerweile bin ich schon seit einigen Monaten zurück in Deutschland. Ich sitze gerade an meinem alten Küchentisch aus Studentenzeiten und fühle mich so sicher wie noch nie zuvor in meinem Leben. Ich weiß endlich, wer ich bin, ich weiß, wie ich gute Entscheidungen treffe und ich weiß, wann ich Pausen brauche. Ich kenne meine Bedürfnisse und weiß, in welcher Richtung mein Erfolg und meine Erfüllung liegen. Dieses Gefühl der Zufriedenheit und des Glückes wünsche ich auch dir.

Selina Röttinger

Foto: Selina Röttinger

Selina Röttinger ist eine aufgeweckte, neugierige Person mit Tiefgang. Schon in jungen Jahren beschäftigte sie sich mit dem Sinn des Lebens. Auf der Suche nach ihrem persönlichen Sinn und ihrer Berufung war sie viel unterwegs, lebte in verschiedenen Städten und im Ausland. Erst als sie fast 4 Monate lang in Chile das Haus während der Quarantäne nicht mehr verlassen durfte, wurde ihr bewusst, dass sie die ganze Zeit an der falschen Stelle gesucht hatte. Sie machte sich auf eine Reise zu sich selbst und fand endlich ihre Berufung.

Sie erfüllte sich den Wunsch der Existenzgründung und berät heute andere Existenzgründer dabei, wie sie ihre Berufung finden und ihre Selbständigkeit auf ein solides Fundament bauen. Sie ist davon überzeugt, dass das Leben leicht wird, wenn man das macht, was man richtig gut kann, für die Menschen, die für einen bestimmt sind.

Eine Motte schläft an meiner Wand

Die kleine Motte sitzt da und bewegt sich nicht – bereits seit Stunden. Vielleicht schläft sie? Können Motten schlafen? Wieso rutschen sie im Schlaf dann nicht die Wand herunter?

Christin Kunze

Glück in Bewegung

Mandy Ahlendorf

Für mich bedeutet Bewegung das reine Glück. Meine sportlichen Erfahrungen und Herausforderungen mit Laufen, Klettern und Rennradfahren versorgen mich nicht nur täglich mit Energie. Sondern sie wirken sich nachhaltig auf meine anderen Lebensbereiche aus und geben mir auch fürs Business Motivation, Kraft und Gelassenheit.

Da saß ich nun, allein in meiner neuen Wohnung. Jäh ausgestiegen aus einem Leben voller Stress, Streitigkeiten, Misstrauen und Leid. Ja, ich genoss ab der ersten Minute, dass ich wieder selbstbestimmt sein und in Frieden mit mir selbst kommen konnte. Keine Angriffe, keine Anschuldigungen, kein Rechtfertigen. Mein äußeres Leben hatte sich auf einen Schlag ins Positive gewendet. In meinem Inneren sah es weniger prächtig aus. Zum einen litt ich erbärmlich unter dem (hoffentlich vorläufigen) Verzicht auf meine Liebsten.

Zum anderen hatten die vergangenen 17 Jahre Spuren hinterlassen. Aber ich hatte mich, mit meiner inneren Stärke und Energie. Statt in der Opferrolle zu verharren, machte ich mich daran, Schicht für Schicht von außen abzutragen, um mein wahres Selbst wiederzufinden. Bewegung war und ist der zentrale Rettungsanker für meine Gesundheit und mein Glück, am liebsten draußen.

Bewegt habe ich mich schon immer gerne. Aber zwischendurch gab es Monate, da fand ich zwischen Familie, Haushalt und Arbeit kaum Zeit dafür. Jeden Tag rauschten die Stunden nur so durch und schon war es Zeit, das Abendessen zu kochen. Anschließend mussten die Kinder ins Bett, das Haus wollte aufgeräumt werden und der E-Mail-Posteingang quoll über. Für Sport fehlten mir meist der Freiraum und die Energie. Und wenn ich über längere Zeit keinen Sport gemacht hatte, konnte ich mich nur schwer dazu aufraffen.

Laufen – mein täglicher Glücksgarant

Als PR-Beraterin verbringe ich den Großteil meiner Arbeitszeit am Computer. Dass ich in meinem Homeoffice konzentriert am Stück arbeiten konnte, ohne mich zwischendurch oder nach einem halben Tag um die Familie zu kümmern, war damals einerseits ein neuer Luxus, den ich zu schätzen wusste. Aber stundenlang still am Schreibtisch zu sitzen, fiel mir auch schwer. Selbst wenn ich nicht merkte, wie die Zeit verging, weil ich in eine Aufgabe vertieft war, hatte ich danach Hummeln im Hintern und ein Kribbeln in den Beinen. Ich wurde unruhig und musste mich bewegen. Schnell kam die rettende Idee, dass ich ja jetzt jederzeit zum Laufen gehen konnte. Klar, warum eigentlich nicht? Je nach Arbeitsaufwand und Meetingzeiten konnte ich doch zwischendurch ins Freie, wenn das Wetter mitmachte. Warum nicht einfach in einer Regenpause rein in die Laufschuhe und raus an den See? Wie früher begann ich die Laufeinheiten zu genießen. Ich powerte mich aus und fühlte mich danach wunderbar müde und ausgeglichen. Ich begann, regelmäßig zu joggen. So drehte ich meine täglichen Runden, meist zwischen frühem Nachmittag und Abend – je nachdem, wie der Tag aussah. Unter der Woche waren die Strecken kürzer, an den Wochenenden hatte ich mehr Zeit und lief auch mal längere Strecken.

Meine mentale Zauberformel

Das Laufen war gleichzeitig mein Mittel gegen Trübsal. In Momenten, wenn mich die Trennung von meinen Liebsten wieder quälte und ich tieftraurig war, half nur: ab nach draußen und los. Auch wenn ich über anderen Problemen grübelte und schlecht drauf war, konnte ich mit Sport meine niedergedrückte Stimmung in gute Laune verwandeln. Am Anfang war es wohl eher ein Davonlaufen, bis dass mein Körper Endorphine ausschüttete. Ich erlaubte mir oft selbst, auf dem

Hinweg einfach meinen Gedanken nachzuhängen. Gleich worüber ich brütete, ich ließ alles zu und meine Hirngespinste konnten sich austoben. Auch negative Szenarien durften sich aufbauen. Auf dem Rückweg übernahm ich dann aktiv die Kontrolle und suchte bewusst nach heiteren, freundlichen Empfindungen und Bildern. Nicht immer fiel mir das leicht.

Doch dann erinnerte ich mich an glückliche Erlebnisse und wohltuende Begegnungen. Oder ich ersann und plante freudige, sonnige Momente, auf die ich mich schon jetzt freuen durfte. Nicht selten wunderte ich mich nach dem Laufen darüber, was mich vorher so beschäftigt hatte. Denn danach war das Drama verflogen. Ich fühlte mich stark und spann euphorisch Ideen für meine Zukunft.

Bewegte Meditation

Sehr schnell wurde das Laufen zum täglichen Ritual. Hatte ich mich früher zwei- bis dreimal pro Woche sportlich betätigt, so gibt es heute kaum einen Tag ohne Bewegung. Es ist mein Highlight des Tages, auf das ich mich ab morgens freue. Auch Regen oder Kälte schrecken mich nicht mehr ab. Seitdem ich mir angewöhnt hatte vom Herbst einfach in den Winter weiter zu laufen, darf die Temperatur auch knapp unter null Grad fallen. Und wenn es mir die Wege an der Isar wegen zu viel Schnee oder Baumbruch schwermachen, weiche ich eben auf geräumte Gehwege aus.

Komme ich mal nicht zum Laufen, beispielsweise, weil ich beruflich zu sehr eingespannt bin, dann fehlt es mir wirklich sehr. Deshalb habe ich immer meine Laufschuhe im Gepäck, wenn ich länger unterwegs bin. Ich schaffe es sogar, früh aufzustehen und meine Sporteinheit noch vor dem Tagesprogramm zu absolvieren. Dabei genieße ich besonders die Zeit mit mir selbst, mein bewegtes Meditieren. Am liebsten laufe ich alleine, ohne Begleitung und auch ohne Musik oder Podcasts im Ohr. Es ist wunderbar, den Kopf freizubekommen. Und damit auch Raum für Neues zu schaffen. Die Leere lässt Neues wachsen. Beim Laufen entwickle ich die besten Ideen. Eigentlich müsste ich mir unterwegs Notizen machen.

Klettern – mein wöchentliches Quantum Glück

Als ich anfing, meinen neuen Lebensabschnitt mit Inhalten zu füllen, kamen in mir Fragen auf: Wie wünsche ich mir meine Zukunft? Wie möchte ich die kommenden Jahre leben? Wie meine Zeit verbringen? Das Laufen machte Spaß und bedeutete mir viel, aber auf Dauer war es dann doch auch eintönig. Welchen Sport wollte ich also noch machen? Da es auf den Herbst zuging, wäre etwas Wetterunabhängiges gut, dachte ich. Und den Ausdauersport wollte ich mit etwas zur Kräftigung kombinieren.

Fitnessstudios waren nicht meins, das hatte ich während meiner Studentenzeit ausprobiert. Und ich hatte erkannt, dass ich für meinen Kopf zum

Durchhalten ein Ziel jenseits der Anzahl an Wiederholungen brauchte. Da kam mir die Idee, dass Klettern das Richtige wäre. Ich stellte mir vor, dass es im Winter gut in der Halle gehen würde und im Sommer draußen am Fels. Und auch der Oberkörper würde dabei gefordert. Also meldete ich mich für einen Anfängerkurs an, um auszuprobieren, ob mir das Klettern Spaß machen würde. Ich erwartete, dass es vor allem sehr anstrengend für Arme und Hände sein würde. Und ja, in der Tat, Wände hochzukraxeln kräftigt den gesamten Körper inklusive Bauch, Beine, Rücken und Po.

Vertrauen auf mich und andere

Womit ich allerdings nicht gerechnet hatte, war der mentale Gewinn! Zum einen fordert Klettern absolute Aufmerksamkeit im Moment. Sei es an der Wand oder beim Sichern am Boden, es zählt nur das Jetzt. Damit verschwinden alle Überlegungen, der Kopf wird frei. Wie wunderbar leicht das geht. Ich muss meine Gedanken nicht unterdrücken, verdrängen, auf später vertrösten oder durch andere ersetzen. Nein, sie bleiben einfach weg, da sie im Moment keinen Platz haben. Dazu kamen weitere Lerneffekte wie Vertrauen, das Überwinden von Angst, Grenzen erfahren und natürlich die Freude über den eigenen Erfolg. Beim Klettern vertraue ich einem anderen Menschen mein Leben an. Ich lerne, mich radikal auf jemand anderen zu verlassen. Und das nicht nur beim Hochklettern und

Abseilen, sondern speziell auch bei den Sturzübungen, wenn ich mich ins Seil fallen lasse.

Zudem fordert mich das Klettern immer wieder aufs Neue heraus: Zwar sind die Routen in verschiedene Schwierigkeitsgrade eingeteilt, aber dennoch nicht vergleichbar. Manche fordern mich mehr als andere. Und wenn ich an meine Grenzen komme, stehe ich immer wieder an dem Punkt, an dem ich mich überwinden darf. Das bringt mich dazu, neue Wege zu gehen, neue Bewegungsabläufe zu probieren. Bei körperlich sehr anstrengenden Routen – mit viel und großem Überhang zum Beispiel – heißt es, dem eigenen Körper zu vertrauen. Durchhalten, auch wenn die Finger und Arme schmerzen. Mit Sicherheit hat mich das Klettern körperlich herausgefordert und trainiert. Vor allem aber schätze ich den mentalen Gewinn. Danach fühle ich mich angenehm erschöpft, zufrieden, ausgeglichen und entspannt – ein echtes Geschenk. Mit dem Klettern hatte ich meine wöchentliche Glücksgewohnheit gefunden.

Radfahren – mein Lebensglück

Seit ich mich auf zwei Rädern halten konnte, gehört Radfahren zu meinem Leben. Ich wohnte zwölf Kilometer vom Gymnasium entfernt und fuhr in den wärmeren Monaten immer mit dem Fahrrad zur Schule. Das bedeutete für mich Selbstständigkeit und Freiheit. Ich musste mich nicht nach Fahrplänen richten, auf Busse warten oder in letzter Sekunde zur

Haltestelle rennen. Mit dem Rad war ich unabhängig und auch innerhalb der Stadt mobil. Wenn ich mich nach der Schule mit Freundinnen und Freunden treffen wollte, musste ich nicht weit gehen, sondern hatte mein Fahrzeug dabei. Auch abends musste ich nicht vorzeitig losgehen, um den letzten Bus zu erwischen.

Später während meines Studiums in München gab es für mich nur das Fahrrad. Hatte ich mal einen der wenigen Parkplätze in Wohnungsnähe ergattert, ließ ich mein Auto lieber stehen. Sowieso war ich mit dem Fahrrad im Stadtverkehr viel schneller. Auch auf längeren Strecken, etwa zu meinem Job außerhalb der Stadt, genoss ich die Zeit im Freien. Morgens machte mich das Radeln wach. Und abends auf dem Heimweg war ich nicht mal langsamer als mit dem Auto. Zusätzlich hatte ich mich bewegt, frische Luft getankt und mein Energielevel auf Wohlfühlniveau und Zufriedenheit angehoben.

Nach der Geburt meines ersten Kindes kaufte ich nicht als Erstes einen Kinderwagen, sondern einen Radanhänger inklusive Konstruktion für die Babyschale. Ab da war ich jahrelang mit diesem Anhänger unterwegs, was den Trainingseffekt verstärkte. So nutzte ich jede Gelegenheit, das Auto durchs Fahrrad zu ersetzen. Doch ich hatte einen Traum: Ich wollte mich nicht mehr langsam über Forstwege bewegen, sondern ich sah mich schnell und sportlich dahinsausen. Schon lange wollte ich ein

Rennrad. Aber diese Idee hatte ich als im Alltag unpassend und unpraktisch abgetan.

Ein Traum wird wahr

Mit dem Start in mein neues Leben stieg dieser Traum wieder an die Oberfläche. Inzwischen bin ich davon überzeugt, dass im Leben nichts zufällig passiert: Wie von mir „gewünscht", drängte sich die Umsetzung meines Traums quasi auf. Ich bekam meinen „Trainer" und Freundeskreis gleich mitgeliefert. Kaum hatte ich mir ein Rennrad gekauft und die ersten Fahrversuche hinter mir, stellte ich mich größeren Herausforderungen wie dem Jedermann-Rennen Paris-Roubaix. Ich startete völlig unbedarft und ohne Ehrgeiz, doch das Ziel erreichte ich wohlbehalten und weit nicht als Letzte. Darin bestärkt haben mich meine neuen Freundinnen und Freunde, die sich gegenseitig und auch mich ständig unterstützt, motiviert und an mich geglaubt haben. Sie haben es mir ermöglicht, über mich hinauszuwachsen. Auch ohne deren Beistand hätte ich mich aufs Rennrad gesetzt, wäre aber vermutlich bis heute nicht über 100 Kilometer pro Tag hinausgekommen.

Der wichtigste Lerneffekt für mich: Ich habe erkannt, wie viel möglich ist. Voraussetzungen sind ein gesundes Vertrauen in meine Fähigkeiten und ein Herzensziel vor Augen. Wenn ich etwas wirklich von innen heraus möchte, dann entwickle ich auch die Fähigkeiten dafür. Unterwegs lasse ich allen

Erfolgsdruck und das Ziel los und konzentriere mich auf den aktuellen Moment und die nächsten Kilometer oder Höhenmeter.

Mein damaliger Mentor – und heutiger Herzensmensch – hatte auch gleich die nächste Herausforderung parat. Die Steigerung war immens, nachdem ich mir gerade mal vor sechs Monaten ein Rennrad zugelegt hatte. Der Plan lautete, mit dem Fahrrad in einer Tour vom Münchner Süden an den Gardasee zu fahren, schlappe 350 Kilometer! Scheinbar unmöglich. Aber ich bin ja spontan und liebe Herausforderungen. Also sagte ich prompt zu. Natürlich folgte ich mal wieder meinem inneren Impuls, ohne richtig nachzudenken. Einen Vorteil hatte ich, ich durfte im Windschatten fahren. Das hilft zwar bergauf nicht, aber sehr wohl in der Ebene und besonders bei Gegenwind. Meine Idee war die, gut über den Brenner zu kommen. Dann würde es bis Bozen vorwiegend bergab gehen. Bozen war also ein absolut machbares Ziel. Und von da fuhren ja auch Züge zurück nach Hause. Ich ging es also locker und ohne Druck an. Wir stoppten für zwei längere Pausen, zum Frühstücken vor dem Brenner und mittags zum Auftanken in Bozen. Bis dahin lief es erstaunlich gut. Die letzten zwei Stunden waren dann schon sehr zäh. Aber „so kurz" vor dem See wollte ich dann auch nicht aufgeben. Und klar, wir kamen nach etwa 16 Stunden abends rechtzeitig zur Pizza in Torbole an. Bis heute ist es mir manchmal noch unheimlich, was ich geschafft hatte.

Den Weg genießen

Nach ein paar Monaten durfte ich mich dann die ersten Pässe in den Dolomiten hinaufquälen. Bis dahin hatte ich mich immer gefragt, warum Menschen auf Rädern in die Höhe wollen. Und jetzt saß ich selbst auf dem Rad und schob mich von Kehre zu Kehre den Berg hoch. Wir hatten uns die Sella-Runde mit vier Pässen vorgenommen. Mein einziges Ziel war es, oben anzukommen. Aber dort blieb keine Zeit zum Verschnaufen. Kaum hatten wir den Pass erreicht, ging es schon wieder abwärts. Leider war das anfangs auch keine Erholung, sondern verlangte volle Konzentration. Und natürlich konnten sich die Beine nur kurz erholen, denn der nächste Anstieg wartete. Mit der Zeit fand ich doch tatsächlich Gefallen daran, Pässe zu fahren. Allerdings bestand mein Antrieb in der Freude am Bewegen und darin, das Ziel zu erreichen. Dazu kamen die Kulissen aus großartigen Landschaften und atemberaubenden Ausblicken, die mich erfüllten. Es brauchte ein paar Jahre, bis ich lernte, auch den Weg nach oben zur Passhöhe zu genießen. Heute verstehe ich, was Konfuzius mit „Der Weg ist das Ziel“ meinte: Ich wähle ein für mich gut machbares Tempo und kurble mich kontinuierlich in die Höhe. Außer dem meditativen Effekt gefällt mir auch das Fotografieren unterwegs. Inzwischen traue ich mich, während der Fahrt Fotos zu machen.

Lebenselixier Radfahren

Mein erster Urlaub mit dem Rennrad sorgte für ein weiteres Aha-Erlebnis. Zwar hatte ich die Urlaube mit meinen Kindern wunderschön gefunden, aber bei Ausflügen mit dem Auto zu Sehenswürdigkeiten fehlte mir etwas. Für mich fühlte es sich an wie ankommen, aussteigen, anschauen, vielleicht noch einkehren, einsteigen und weiterfahren. Was für ein Erlebnis ist es dagegen, mit dem Fahrrad unterwegs zu sein! Ich erlebe meine Umgebung, fühle die Temperatur, spüre die Sonne, rieche die Natur und höre die Tiere. Zugegeben, manchmal sind die Eindrücke wegen der Geschwindigkeit weniger tief als beim Zufußgehen. Aber dafür ist der Radius wesentlich größer. Das Rennrad hat den großen Vorteil, dass auch größere Entfernungen von über 100 Kilometern am Tag gut machbar sind. Und ich kann mich vor der Tür aufs Rad setzen und habe keine Anfahrt mit dem Auto. Besonders habe ich das während des Corona-Lockdowns gespürt. Auf dem Fahrrad konnte ich trotzdem viel Zeit draußen sein und das auch genießen.

Mein Wunsch für dich

All meine Erfahrungen und Erfolge im Sport machen mich nicht nur in den jeweiligen Momenten glücklich. Sondern meine einschneidenden und wegweisenden Erlebnisse wirken sich auch auf meine anderen Lebensbereiche aus. Sowohl für meine persönlichen

Themen wie Trennung und Abschied als auch für Herausforderungen im Business gibt mir mein Sport Kraft, Energie und Durchhaltevermögen. Ich bin mir sicher, ohne meine sportlichen Erfahrungen hätte ich es nie gewagt, beispielsweise ein Fachbuch zu schreiben und Online-Kurse zu geben. Ich bin zutiefst glücklich und dankbar für mein wundervolles Leben und für alle, die mich begleiten.

Ich wünsche dir, dass du deine Glücksgewohnheiten und Rituale findest, die dir Basis für deine Zufriedenheit und dein Lebensglück sind. Erfreue dich an deinem Leben, erlebe deinen Weg und wachse über dich hinaus!

Alles Liebe, deine Mandy

Mandy Ahlendorf

Foto: Mandy Ahlendorf

Mandy Ahlendorf ist Expertin für Sichtbarkeit im Business. Seit über 20 Jahren berät und unterstützt die Kommunikationsspezialistin Unternehmen bei ihrer Öffentlichkeitsarbeit. Sie bietet das breite Spektrum von klassischer Pressearbeit über Webseiten bis hin zu Messe-PR und Social Media. Thematisch hat sie sich zum einen auf Elektronik, Energie und Mobilität spezialisiert. Zum anderen coacht Mandy Ahlendorf Einzelunternehmerinnen und begleitet sie dabei, ihre Botschaften und ihr Angebot authentisch in die Welt zu bringen. Ihr ist es ein wichtiges Anliegen, Frauen in der Berufswelt zu stärken.

ahlendorf-communication.com
www.facebook.com/mandy.ahlendorf

Fensterbrett

Auf dem Fensterbrett stehen zwei Pflanzen. Das Fensterbrett ist sehr eng und es ist nur wenig Abstand zwischen Fensterscheibe und Raum, der stets aber von einem Vorhang abgetrennt wird. Die zwei Töpfe passen gerade so eben auf den Sims.
Die Pflanzen schmiegen sich bereits an die Scheibe und haben sich angepasst. Sie haben kaum noch dreidimensionale Ausmaße, sondern sind Zweidimensional.

Scheibenpflanzen.

Christin Kunze

Schwangerschaft-Glücksrituale: Glücklich durch die Schwangerschaft

Anabel Galster

Rituale in der Schwangerschaft sind ein wichtiger Bestandteil, um den besonderen Übergang zur Elternschaft zu zelebrieren. Eine bewusst erlebte Schwangerschaft wirkt sich nicht nur positiv auf das Erleben in der Schwangerschaft, sondern auch positiv auf die Geburt aus. Glücksrituale unterstützen dies enorm und werden in diesem Kapitel genauer beschrieben.

Als Geburtspsychologin weiß ich, wie wichtig es ist, achtsam Übergänge zu gestalten. Die Geburt eines neuen Menschen ist wohl der offensichtlich erste große Übergang in seinem Leben. Auch für die Eltern ändert sich damit ihr gesamtes Leben. Für alle Beteiligten, das Baby, die Mutter und den Vater ist es von großer Bedeutung, wie dieser Übergang erlebt wird. Die Geburt ist ein so beeindruckendes Erlebnis, welches die Frau nie wieder vergessen wird. Damit dies zum Traum und nicht zum Trauma wird, hilft vor allem eine achtsame und bewusst gelebte Schwangerschaft. Die Natur hat es schlau eingerichtet, dass die Eltern ebenfalls 9 Monate Zeit haben, sich an die große Lebensveränderung anzupassen. Wenn sie diese Zeit gut nutzen, so werden auch die Geburt und die Zeit mit Baby ganz anders erlebt werden können. Glücksrituale in der Schwangerschaft tragen zu einer bewussten Schwangerschaft, dem Wohlbefinden der werdenden Mutter, der Bindung zum Kind und dem Übergang zur Elternschaft in positiver Weise bei. Rituale schaffen Sicherheit! Mit ihnen gestaltet man Übergänge, die in unserem Leben unglaublich wichtig sind. Wie wir sie gestalten bestimmt, wie gut wir sie vollziehen. Können wir uns auf die Veränderung vorbereiten und achtsam gestalten? Gelingt uns das, nehmen wir sie auch nicht als Überforderung wahr. Wenn sie uns überrumpeln und alles viel zu schnell geht, fällt uns die Anpassung viel schwerer.

Schwangerschaftsrituale wiederfinden

In unserer Gesellschaft sind kaum Schwangerschaftsrituale bekannt. Man könnte den Gang zum Gynäkologen zur Vorsorgeuntersuchung als das wohl bekannteste und für viele Paare einzige „Ritual“ begreifen. Modern sind manchmal noch Babypartys, bei denen mit Essen und Spielen zusammen mit den Freundinnen die Schwangerschaft gefeiert wird. Es gibt größere Rituale, die einmalig stattfinden, wie spezielle Feiern. Hier wird häufig die

Schwangerschaft sichtbar und der Prozess festgehalten, was den Übergang schön begleitet. Dann gibt es noch die kleinen Alltagsrituale. Diese helfen dir dabei, jeden Tag bewusst deine Schwangerschaft zu erleben, mit dir und dem Kind im Kontakt zu sein und diesen Prozess zu genießen!

Ich habe dir hier ein paar Beispiele zusammengestellt, die dir dabei helfen können, diese Schwangerschaft ganz bewusst zu erleben und den transformierenden Prozess zu begleiten. Du kannst dir auch selbst ganz eigene Rituale für dich und deine Familie suchen, mit denen ihr, jeder für sich sowie auch gemeinsam, diesen neuen Lebensabschnitt begleitet.

Die einmaligen Glücksrituale

Babybauch-Shooting mit der ganzen Familie

Ein paar Stunden gemeinsam den Moment festhalten. Auch für später ein unvergessliches Ritual, woran man sich immer wieder erfreuen kann. Richtig schöne Bilder vom Babybauch, wenn er schön rund und sichtbar ist, lohnen sich, um die Erinnerungen daran frisch zu halten. Ein ganz besonderes Shooting ist das Unterwasser-Shooting. Die Bilder, die hier entstehen, sehen aus, wie aus einer Traumwelt. Ein Moment, den ich gerne selbst auch nochmal erleben würde.

Babybauch anmalen

Damit das Baby noch sichtbarer wird, kann man den wunderschönen runden Bauch bemalen oder in eine Gipsform legen lassen, die dann bemalt wird. In Kombination mit einem Fotoshooting eine sehr schöne Form, den Bauch zu feiern.

Babyparty

Vor allem in Amerika sind die Babypartys schon lange populär. Sie dienen häufig dazu, noch einmal ausgelassen mit Freundinnen zu feiern. Es gibt Geschenke, lustige Spiele und es ist ein Grund, noch einmal gemeinsam vor der anstehenden Geburt zusammen zu kommen. Häufig werden diese Partys als Überraschung für die Schwangere ausgerichtet. Das lustige Beisammensein steht hier im Mittelpunkt.

Blessingway

Das Blessingway erlebt zurzeit einen großen Aufschwung. Es ist eine Zeremonie im Kreis der Frauen. Du kannst diese ganz individuell gestalten oder dir professionelle Unterstützung holen. Es gibt Doulas oder andere Frauen, die eine Gestaltung dieser Festlichkeit für dich übernehmen. Dabei geht es darum, die Frau und ihre Schwangerschaft zu ehren. Die Gefühle der Schwangeren stehen hier im Mittelpunkt. Gemeinsam sammelt man Kraft und gute Wünsche für die anstehende Geburt. Diese Zeremonie ist sehr intim und ein besonderer Moment der Liebe.

Das Vertrauen und die Stärke in die Kraft der Geburtserfahrung soll gestärkt werden, damit die Frau ohne Angst und mit Zuversicht ihre Geburt erleben kann. Es gibt verschiedene Rituale, die in diese Zeremonie einfließen können. So kann man gemeinsam eine Geburtskette anfertigen. Jede einzelne Perle kann so einen Segenswunsch (wie Glück, Liebe, Gesundheit…) jeder einzelnen Frau symbolisieren. Sie gibt der Schwangeren Kraft und verbindet sie auf besondere Weise mit ihrer Familie (auch der Partner oder Geschwisterkinder können eine Perle mit einem Wunsch auffädeln) und ihren Freundinnen. Um die Schwangere hervorzuheben, kann sie mit einem Blumenkranz geschmückt werden, der wiederum die Gemeinschaft, aber auch den „Kreis des Lebens" symbolisiert. Auch kann in diesem Zusammenhang der Babybauch geschmückt und verziert werden. Beendet wird diese intensive Zeremonie mit einem gemeinsamen Fest. Hier kommen häufig die Familien der Frauen zusammen und genießen noch ein gemeinsames Essen bei lockerem Zusammensein. Dies erleichtert den Übergang in den Alltag. Es gibt keinen festgeschriebenen Ablauf für ein Blessingway, da sich immer ganz an die Bedürfnisse und Wünsche der Schwangeren richtet.

Herzbild gestalten

Diese schöne Idee habe ich bei meiner Kollegin Anne Henle (www.vitamotio.de) kennengelernt, die das sehr gerne mit ihren Paaren macht, die sie durch die Schwangerschaft begleitet. Dafür brauchst du eine Leinwand oder Papier, Farbe, Pinsel und evtl. eine

Unterlage. Male ein Herz darauf. In die eine Hälfte des Herzens schreibst du dein Herzens-Versprechen an dein Baby, deinen Partner, deine Familie. Lass die Worte einfach aus deinem Herzen fließen. Dein Partner tut dies mit der anderen Hälfte des Herzens. Vielleicht malt ihr auch Symbole rein. Gestaltet es ganz nach eurem Belieben und integriert gerne auch eure älteren Kinder, falls schon welche vorhanden sind. Damit habt ihr ein unvergleichliches Kunstwerk, was euch auch in schwierigen Phasen zum Lächeln bringen wird.

Persönliche Rituale kreieren

Du kannst dir selbst besondere Erlebnisse und Momente schaffen, mit denen du deine Schwangerschaft und die bevorstehende Geburt zelebrieren möchtest. Mein persönliches kleines Ritual: am Ende der Schwangerschaft eine Pediküre mit meiner Schwägerin mit anschließendem Restaurantbesuch. Mit schönen Füßen und guter Laune geht es dann in die Geburt. Die Füße auf die Geburt vorzubereiten, sind ein Symbol dafür, dass man gut vorbereitet ist auf den Weg, den man bald bestreiten wird.

Die täglichen Glücksrituale

Der Geburts-“Altar“ oder „Sacred Space“

Der Sacred Space ist ein Platz in deiner Wohnung mit Symbolen, die dich für deine Geburt stärken (aus der Natur, Bilder, Düfte, Visionboard...). Hier legst du dir alles hin, was du für eine selbstbestimmte, leichte Geburt brauchst. Auch das gleich noch beschriebene Schwangerschaftstagebuch, die Geburtskerze, besondere Affirmationen usw. können hier platziert werden. Es ist ein Platz, an dem du meditieren kannst und dich täglich mit deinem Baby verbindest. Ein Platz, an dem du deine Ängste in Liebe transformierst und der dir Kraft und Vertrauen schenkt. An der Wand kannst du dir ein Visionboard platzieren, an dem du deine liebsten Affirmationen, Bilder und Sprüche für die Geburt festhältst. Entweder in Form eines großen Plakats, wo du alles drauf schreiben und dran kleben kannst oder einer Pinnwand, an die du alles pinnst, was dir im Laufe der Zeit begegnet und dich stärkt. Diese Wand schaust du dir jeden Tag an. Sie kann mit der Schwangerschaft wachsen, so wie dein Vertrauen und deine Zuversicht auch wachsen werden.

Schwangerschaftstagebuch

Hier kommt nicht nur das aktuelle Gewicht und Bauchumfang rein, sondern es sollte eher als „Gedankenbuch“ genutzt werden. Dann kannst du auch deinen inneren Prozess schriftlich festhalten und nachvollziehen. Ein Notizbuch ist hierfür ausreichend und lässt mehr Freiheit für deine Gedanken als ein vorgefertigtes Schwangerschaftstagebuch. Du kannst hier auch deine Sorgen, Ängste und Glaubenssätze festhalten, ebenso wie alles, was dich in dieser Schwangerschaft stärkt. Wofür du dankbar bist, was du sehr genießt und was dich für deine Geburt stärkt. Auch Bilder, Worte oder Gedichte, die dir für dein Baby kommen, kannst du hier festhalten, ebenso wie besondere Momente und Meilensteine der Schwangerschaft.

Meditation, Achtsamkeitsübungen, Bindungszeit oder Hypnoseanleitungen

Es gibt mittlerweile viele gute Übungen, wie du Entspannung als festen Bestandteil deiner Schwangerschaft zur Vorbereitung auf die Geburt etablieren lassen. All diese Übungen haben eines gemeinsam. Du musst sie regelmäßig durchführen, damit sich ihr Effekt einstellen kann. Jede kann hier ihre Lieblingsmethode finden. Du kannst regelmäßig geführte Meditationen machen oder selbst welche gestalten, je nachdem wie fortgeschritten du in der Anwendung mit Meditationen bist. Im HypnoBirthing werden Selbsthypnosen angeleitet, die zur Gestaltung der Wunschgeburt und dem Auflösen von Ängsten oder hinderlichen Gedanken sehr hilfreich sein können. Den Ist-Zustand anzunehmen und zu akzeptieren ist wohl eine der wichtigsten Übungen, die dich auf die Geburt und die Zeit als Mutter vorbereiten. Daher sollten Achtsamkeitsübungen, wie sie in vielen Meditationen vermittelt werden, ein Bestandteil deiner täglichen Routine sein. Auch

Bindungszeit mit dem Baby erfordert einen tief entspannten Zustand und lässt sich wunderbar mit einer Achtsamkeitsübung oder Meditation verbinden. Du kannst in dich hinein fühlen was IST. Den Kommunikationskanal zu deinem Baby öffnen und schauen was kommt. Das kann in Form von Bildern, Gefühlen, Gedanken und körperlichen Empfindungen passieren. Was du hierbei erlebst, wenn du ganz offen für die Botschaften deines Babys bist, kannst du ebenfalls in deinem Tagebuch festhalten. Für die Babys ist es schön, wenn dieser Kontakt immer zu festen Zeiten stattfindet. In der Bindungsanalyse hat man festgestellt, dass die Babys sich an die festen „Termine“ gewöhnen und dann schon auf die intensive Zuwendung der Mama „warten“.

Es ist mittlerweile bekannt, wie wirkungsvoll diese Techniken bei (möglichst) täglicher Anwendung sind und wie dadurch der gesamte Geburtsverlauf positiv beeinflusst wird und der Übergang zur Elternschaft somit viel leichter gelingt. Denn, was braucht es mehr für eine gute Geburtserfahrung, wenn du dich, deinen Körper und dein Baby fühlst, weißt, was ihr braucht und gelernt hast, von Moment zu Moment zu gehen.

Du kannst dir für diese Übungen feste Zeiten an deinem Sacred Space einplanen. Z.B. immer nach dem Aufstehen, am späten Nachmittag oder, oder.

Visualisierungsübungen

Zu visualisieren, was du dir für deine Geburt, dein Baby, deine Familie wünschst, ist Teil der mentalen

Geburtsvorbereitung und ein Ritual, was glücklich macht. So kannst du dir, nachdem du z.B. eine Weile meditiert hast, sehr intensiv deine gewünschte Geburtserfahrung vor deinem inneren Auge vorstellen. Dazu stellst du dir nicht nur ganz genau vor, wie deine Traumgeburt verlaufen wird, sondern auch, wie du dich dabei fühlen wirst. Du fühlst das Glück und die Liebe, wenn du dein Baby in den Armen hältst, so, als wäre es wirklich schon da. Du wirst sehen, wie sehr das deine Vorfreude auf diesen ganz besonderen Moment steigern wird und wie diese Übung dein Wohlbefinden in der Schwangerschaft steigert. Dadurch gewinnst du an Selbstvertrauen und Zuversicht.

Affirmationen

Affirmationen sind positive und kraftvolle Aussagen/Sätze über deinen Wunschzustand. Du formulierst eine Affirmation am besten immer so, als ob du den gewünschten Zustand schon erreicht hast.

Dafür nimmst du dir z.B. deine negativen Glaubenssätze vor. Du streichst den Glaubenssatz auf dem Blatt vor dir durch und ersetzt ihn durch einen passenden, positiven Glaubenssatz. Am besten ist es, Affirmationen so zu formulieren, als sei das gewünschte Ereignis schon eingetreten oder als gäbe es absolut keinen Zweifel daran!

Diese und weitere Affirmationen, die du im Laufe der Schwangerschaft für dich findest, gehören mit auf das Visionboard. Du kannst dir auch die kraftvollsten

Affirmationen an deinen Lieblingsorten in der Wohnung auf Post-Its anbringen (z. B. am Spiegel im Bad, am PC, am Kühlschrank oder am Kleiderschrank). So wirst du diese neuen positiven Glaubenssätze häufig sehen, damit sie zu deiner neuen Wahrheit werden können.

Mittlerweile kann man auch schon fertige und liebevoll gestaltete Affirmationskarten im Internet erwerben. Wichtig ist dabei immer, dass die Formulierung und der Satz deiner Sprache entsprechen, damit du dich damit auch wirklich verbinden kannst! In einem täglichen Ritual kannst du dir deine aktuell wichtigsten Affirmationen laut sagen.

Geburtskerze gestalten

Die Geburtskerze ist ein weiteres, wundervolles Symbol für die Veränderungen, die durch Schwangerschaft und Geburt anstehen. Die Kerze zu gestalten, ganz nach deinen Vorstellungen und Wünschen, mit Symbolen und/oder Worten ist ein wundervoller Moment. Sie bekommt ihren Platz ebenfalls an deinem Geburts-"Altar" und unterstützt dich bei deinen täglichen Glücksritualen. Die Kerze vor jeder Meditation, bei jedem besonderen Anlass, vor deiner inneren Reise zum Baby zu zünden, ist ein Weg, auch die kleinen Übergänge achtsam zu gestalten. Auch zur Geburt kannst du dir die Kerze anzünden. Und darüber hinaus wird sie ein schöner Begleiter für die besonderen Ereignisse im Leben deines Kindes. Sie wird zur Taufe/Willkommens-Feier entzündet, zu Geburtstagen, bei Krankheit und in Momenten des puren Glücks! Sie kann helfen, Übergänge sichtbar zu machen und zeigt mit ihrem Licht den Weg.

Man kann die Kerze mit dem Partner und den größeren Geschwistern gestalten und lässt die Vorfreude so steigen. Um eine solche Kerze zu gestalten, brauchst du nicht viel. Beim schwedischen Möbelriesen bekommst schöne, große Kerzen, die du dann mit Verzierwachs und Stiften mit Flüssigwachs bemalen kannst. Aus den Verzierwachs-Platten lassen sich Formen, Symbole, Buchstaben u.ä. schneiden. Ein spitzes Küchenmesser reicht dafür aus. Man kann auch oben oder unten eine Bordüre damit gestalten. Viel Spaß dabei!

Abschluss

Einmal etabliert, wirst du sehen, wieviel Freude dir diese Schwangerschafts-Glücksrituale bereiten werden. Der Start fällt manchmal etwas schwer, da wir häufig denken, für all die kleinen Dingen keine Zeit zu haben. Ich möchte dir Mut machen, es zu probieren. Denn die ganzen positiven „Nebeneffekte“ (wie eine bewusst und schön erlebte Geburtserfahrung) lohnen sich!

Wenn du dann dein Baby in den Armen hältst und ihr euch in eurer Familienkonstellation wieder neu findet, wirst du dankbar sein, Rituale zu haben, die dir diesen Prozess erleichtern. Glücksrituale sind für alle Lebenslagen ein wertvolles Tool. Schwangerschaft und Geburt stellen uns vor besondere Aufgaben, die wir in der Psychologie sogar als „kritische Lebensereignisse" beschreiben würden, da sie die gesamte Lebenssituation der Frau beeinflussen. Diese neue Situation muss die Frau bewältigen und Anpassungen vornehmen. Dieser Prozess kann leicht oder schwer gelingen. Gelingt er nicht, kann er ein möglicher Auslöser für körperliches oder psychisches Leiden sein. Daher ist es so wichtig sich der Tragweite und der Besonderheit dieses Ereignisses bewusst zu sein und es bewusst so zu gestalten, wie es dir guttut.

Genieße diese Zeit in vollen Zügen, nimm an was ist und hör auf deinen Körper und dein Baby! Ich wünsche dir eine Wundervolle Schwangerschaft und dass du deine TRAUMgeburt erleben kannst!

Herzlichst, deine Anabel

Die Geburtspsychologin

Buchtipp: „Lebensreise – Lebenskreise. Rituale und Bräuche rund um die Geburt" von Doris Moser (www.rotemondin.com) und Marion Strohmaier (www.frauenzeit.at)

Anabel Galster

Foto: Anabel Galster

Anabel Galster ist 32 Jahre alt, Psychologin (MSc.) und Heilpraktikerin für Psychotherapie mit dem Schwerpunkt der Pränatalpsychologie. Als Geburtspsychologin hat sie zusammen mit ihrem Mann Swen das Familienunternehmen nestkinder® gegründet. Vor Ort in ihrer Praxis in Niedernhausen und online begleitet sie Paare, Frauen und Babys nach traumatischen Geburten. Die Erlebnisse werden integriert und die Angst vor einer weiteren Geburt transformiert in Vorfreude auf das wundervolle bevorstehende Ereignis der Geburt.

Der Schwerpunkt liegt in der Begleitung der Folgeschwangerschaft nach emotional belastenden Geburten. Dabei werden die komplexen Familiensysteme und Bindungserfahrungen mit einbezogen. Einige Frauen begleitet sie als Doula zur Geburt. Im Juli 2020 ist dazu ihr Buch „TRAUMgeburt nach TRAUMAgeburt – Wieder schwanger: integrieren, heilen, vorbereiten" entstanden, was gleich als eBook ein Amazon-Bestseller in 4 Kategorien wurde.

Zu diesem Thema fanden sie gleich nach ihrem Studium und der Geburt ihres ersten Sohnes.

Anabel ist Basic Bonding-Kursleiterin und hat somit einen besonderen Blick auf das neugeborene Kind. Mit HypnoBirthing-Techniken (Kursleiterin mit Zertifizierung) und als FlowBirthing-Mentorin führt sie Frauen zurück zu ihrer weiblichen Kraft und hilft ihnen, im Vertrauen auf sich und ihrer Intuition eine bewusste Schwangerschaft und eine selbstbestimmte Geburt erleben zu können. Der Schwerpunkt der Bindungsarbeit fließt dabei durch alle Bereiche und bildet die Basis ihrer Arbeit.

Anabel ist selbst Mutter von vier Kindern. Zwei der Kinder sind aufgenommen und wachsen schon von klein auf als „Herzenskindern" mit in der Familie auf. Die beiden Geburten, die sie erleben durfte, waren kraftvoll und positiv. Zusammen mit ihrem Mann erlebte sie eine selbstbestimmte HypnoBirthing – Geburt im Geburtshaus und eine ungeplante wunderschöne Alleingeburt zu Hause. In dieser zweiten Schwangerschaft nutzten sie die Haptonomie und Bindungsanalyse als Vorbereitung. Diese Erfahrungen prägen ihre Arbeit enorm. Es ist ihr und ihrem Mann ein echtes Herzensthema, Frauen darin zu unterstützen, ihre eigene Geburtsreise zu gestalten und zwar in enger Verbindung zu ihrem Baby. Denn es ist nicht egal wie wir geboren werden. Unsere Geburtskultur beeinflusst unsere Gesellschaft. Daher wünschen wir jeder Frau und jedem Baby die Erfahrung einer starken und selbstbestimmten Geburt. Die Geburt wieder als Fest des Lebens zu feiern. Nicht weniger sollte jede Frau erleben dürfen!

geburtspsychologie.de
facebook.com/nestkinder

Freude mit kleinen Mitteln

„Wie sendet man Freude nach draußen?“, fragte sich da wohl ein Mitarbeiter in seinem Büro im dritten Stock eines Bürogebäudes. Es lag ihm auf der Hand, beziehungsweise in der Schreibtischschublade. 7 Post-its und die Nachricht war gesendet.

Ein Smiley im Bürofenster.

Christin Kunze

Die Bohnen des Glücks

Marion Seidel

In diesem Kapitel erfährst du, wie wertvoll Dankbarkeit für ein glückliches Leben ist. Du bekommst konkrete Übungen an die Hand, mit denen du mehr Dankbarkeit in deinem Leben entfalten kannst.

Vor ein paar Jahren war ich auf einer ganz besonderen psychologischen Fortbildung über den Umgang mit traumatisierten Menschen. Allerdings wunderte ich mich schon etwas, als die Referentin – eine bekannte Psychotherapeutin – mitten in ihrem Vortrag innehielt und mir und den anderen Teilnehmern jeweils ein paar getrocknete Kidneybohnen schenkte. Schließlich handelte es sich ja nicht um einen Kochkurs. Was sollte ich also mit den Bohnen machen? Welchen Sinn hatte dieses überraschende Geschenk?

Die Referentin erzählte daraufhin die Geschichte von einer weisen, alten Frau. Obwohl diese Frau schon sehr alt war, machte sie stets einen glücklichen Eindruck. Viele Menschen wollten deshalb das Geheimnis ihres Glücks erfahren. Die Frau ging tatsächlich nie aus ihrem Haus, ohne vorher eine Handvoll Bohnen mitzunehmen. Das tat sie nicht etwa, weil sie Hunger hatte. Nein, sie nahm die Bohnen mit, um so die schönen Momente des Lebens besser zählen zu können.

Deshalb steckte sie die Bohnen in ihre rechte Jackentasche. Für jeden schönen Moment, den sie tagsüber erlebte, ließ sie eine Bohne von der rechten in die linke Jackentasche wandern. Das konnte der Duft einer köstlichen Mahlzeit sein oder ein fröhliches Gespräch auf der Straße sein oder ein kraftspendender Moment der Stille. Manchmal war es auch das Lachen eines Menschen, eine Berührung des Herzens, Vogelgezwitscher oder ein schattiger Platz in der Mittagshitze. Für alles, was ihre Sinne und ihr Herz erfreuten, wanderte eine Bohne in die andere Jackentasche.

Manchmal kamen sogar mehrere schöne Dinge zusammen. Dann konnten gleich zwei oder drei Bohnen auf einmal den Platz wechseln. Als die alte, weise Frau abends wieder in ihrem Haus saß, zählte sie alle Glücksbohnen, die in der linken Jackentasche angekommen waren. Sie feierte und zelebrierte diese Minuten. So führte sie sich vor Augen, wie viel Schönes sie an diesem Tag erlebt hatte und freute sich darüber. Sogar an den Abenden, an denen sie nur eine einzige Bohne zählte, war der Tag ein glücklicher Tag – es hatte sich gelohnt, ihn zu leben.

Über die Vermehrung des Glücks

Jetzt wusste ich also, weshalb ich die Bohnen geschenkt bekommen hatte. Die Referentin nutzte diese Glücksbohnen bei ihrer täglichen Arbeit, um damit ihre Patienten nach schlimmen Erlebnissen wieder zu stabilisieren. Die Glücksbohnen halfen ihren Patienten, den Blick wieder auf die angenehmen Dinge im Leben zu richten. Glücksbohnen sind tatsächlich eine verblüffend einfache Möglichkeit, wie man sich auf die vielen, kleinen, positiven Momente konzentrieren kann, die man während eines ganz durchschnittlichen Tages erlebt. Das Großartige daran ist, dass man all die glücklichen Momente abends noch einmal nacherleben darf. So kann Dankbarkeit für das Leben wachsen. Die Bohnen des Glücks können nicht nur Patienten, sondern wirklich allen Menschen dabei helfen, das Schöne im Leben besser wahrzunehmen.

Die Bohnen haben mir übrigens so gefallen, dass ich diese Idee aufgegriffen habe. Bei einem Vortrag, den ich über Dankbarkeit hielt, verteilte ich sie ebenfalls weiter. Als ich eine Zuhörerin vier Wochen später zufällig wieder traf, griff sie in die Tasche ihres Rockes, strahlte mich an, holte eine Bohne heraus und sagte: „Siehst du, ich habe sie dabei.“

Ich bin fest davon überzeugt, dass es möglich ist, positive Emotionen nicht nur zu teilen, sondern zu vermehren. Die Glücksbohnen sind ein kleines Beispiel dafür. Wenn wir weitergeben, was glücklich macht, vervielfältigt sich das Glück! Ich möchte dir nachher ein paar konkrete Möglichkeiten vorstellen, wie du mehr von dem positiven Gefühl der Dankbarkeit in deinem Leben spüren kannst. Die gute Nachricht ist dabei, dass es nicht irgendein Gen für Dankbarkeit gibt. Sie wird nicht vererbt, denn jeder Mensch kann Dankbarkeit in seinem Herzen entfalten. Wenn du die Dankbarkeit übst wie eine Art Muskel, den du trainierst, dann wird sie für dich von Tag zu Tag selbstverständlicher werden. Für mich ist das Praktizieren von Dankbarkeit eine der besten Glücksgewohnheiten, die es gibt.

Übrigens gibt es einen engen Zusammenhang zwischen Glück und Dankbarkeit. Der Philosoph und Staatsmann Sir Francis Bacon drückte das einst so aus: „Nicht die Glücklichen sind dankbar – es sind die Dankbaren, die glücklich sind." Weshalb Dankbarkeit so wichtig für ein glückliches Leben ist, wurde inzwischen auch wissenschaftlich gut erforscht. Seit etwa zwanzig Jahren gibt es nämlich die Dankbarkeitsforschung. Psychologen wie zum Beispiel Prof. Robert Emmons haben viel Spannendes und Interessantes über die Dankbarkeit herausgefunden. Auch die bekannte amerikanische Psychologieprofessorin und Glücksforscherin Sonja Lyubomirsky bezeichnet die Dankbarkeit als so etwas wie den Königsweg zum Glück. Schauen wir uns mal kurz einige positive Wirkungen von Dankbarkeit an.

Welche positiven Effekte hat Dankbarkeit eigentlich?

- Bereits seit 2002 weiß man, dass Dankbarkeitsübungen das subjektive Wohlbefinden steigern.
- Dankbaren gelingt es besser, Schicksalsschläge zu bewältigen. Die Dankbarkeit hat also offensichtlich eine stärkende Wirkung auf die Seele.
- Dankbare Menschen kommen außerdem besser mit Lebensübergängen zurecht und leiden seltener an depressiven Verstimmungen. Sie kommen auch mit dem Alltagsstress besser klar.
- Dankbarkeit motiviert zu prosozialem Verhalten und vertieft soziale Beziehungen.
- Dankbare Menschen sind einfühlsamer und haben eine höhere Versöhnungsbereitschaft.

Das alles ist ja schon sehr erstaunlich. Doch es gibt tatsächlich noch mehr positive Wirkungen der Dankbarkeit. Besonders bemerkenswert ist, wie sie sich auf deine anderen Emotionen auswirkt. Die Dankbarkeitsforscher haben nämlich herausgefunden, dass Dankbarkeit offensichtlich wie eine Art Magnet auf andere positive Emotionen wirkt. Dankbare Menschen erleben ein höheres Maß an positiven Emotionen wie Freude, Liebe, Glück, Begeisterung und Optimismus. Gleichzeitig haben sie weniger negative Gefühle wie Gier, Neid, Groll und Bitterkeit.

Das finde ich richtig genial. Wenn ich in meinem Herzen Dankbarkeit spüre, dann ist da gleichzeitig kein Raum mehr, um auf andere neidisch zu sein. Wenn ich dankbar bin, kann ich gar nicht gleichzeitig habgierig sein oder verbittert über etwas Vergangenes nachdenken. Die Dankbarkeit verjagt einfach negative Gefühle auf eine wohltuende Art.

Umgekehrt lädt die Dankbarkeit weitere positive Gefühle in dein Herz ein. Wie bei einem „Familientreffen" der positiven Emotionen kommen oft Freude, manchmal auch Liebe und Optimismus schnell dazu, wenn du der Dankbarkeit in deinem Leben Raum gibst. Vielleicht ahnst du jetzt, weshalb Dankbarkeitsübungen mein absoluter Favorit unter den Glücksgewohnheiten sind. Doch wie gelingt es einem denn jetzt, mehr Dankbarkeit zu fühlen und zu erleben? Lass uns also mit den Dankbarkeitsübungen beginnen. Glücklicherweise machen sie Freude. Sie lassen sich auch alle leicht in den Alltag einbauen.

Das Dankbarkeitstagebuch

Das Dankbarkeitstagebuch ist die wohl bekannteste und am besten erforschte Möglichkeit zur Förderung der Dankbarkeit. Wenn du gerne schreibst, ist diese Methode besonders gut geeignet für dich. Du brauchst dafür im Grunde nur drei Zutaten: Ein schönes Notizbuch, einen Stift und etwa 5 Minuten Zeit pro Tag. Die Zeit dafür kannst du dir abends nach der Arbeit reservieren oder bevor du ins Bett gehst. Überlege dir, wofür du heute dankbar bist und schreibe dir dann einfach 3 - 5 Dinge auf. Alles, wofür du tatsächlich dankbar bist, ist es wert, aufgeschrieben zu werden. Das können Dinge, Menschen oder Erlebnisse sein. Vielleicht ist es der wärmende Sonnenschein oder die Freundin, die dir zugehört hat. Vielleicht bist du dankbar für das Projekt, das du heute bei der Arbeit erfolgreich abschließen konntest oder für ein inspirierendes Buch, das du lesen konntest. Vielleicht ist es einfach eine Tasse Tee gewesen, ein Stückchen Schokolade, eine Umarmung oder das herzhafte Lachen deines Kindes.

Manchmal helfen dir zu Beginn des Schreibens die folgenden Fragen: Wer hat mir heute ein Lächeln geschenkt? Was ist mir heute Gutes widerfahren? Wer gibt mir ein gutes Gefühl? Was habe ich heute für mein Glück getan?

Gib dir etwas Zeit mit dem Tagebuch und erwarte keine Wunder von heute auf morgen. Die Studienteilnehmer von Prof. Emmons haben damals z. B. 10 Wochen lang Tagebuch geschrieben. Wenn dir diese Übung gefällt, dann kannst du sie natürlich unbegrenzt fortführen.

Mentale Subtraktion

Was ist denn damit jetzt gemeint? Vielleicht hast du diese Worte ja noch nie gehört oder du denkst dabei nur an Mathematik. Hinter diesem psychologischen Fachbegriff verbirgt sich eine besonders wirksame Dankbarkeitsübung. Sie ist im Prinzip eine Erweiterung des Dankbarkeitstagebuches und gar nicht so kompliziert, wie man im ersten Moment annehmen könnte. Die Übung geht so: Nachdem du dir bewusst gemacht hast, wofür du alles dankbar bist, stellst du dir bei dieser Übung einfach vor, wie es wäre, wenn du etwas von diesem Wunderbaren nicht mehr hättest, wenn es dir für immer fehlen würde. Du nimmst dir praktisch in Gedanken etwas weg von den Dingen, für die du dankbar bist. Genau genommen hat diese Übung also schon ein bisschen etwas mit Mathe zu tun. Schon allein die Vorstellung, dass du etwas nicht mehr hast, stärkt das Gefühl der Dankbarkeit dafür enorm und lässt dich zufriedener sein. Du wirst das, wofür du dankbar bist, dadurch noch mehr schätzen.

Vergesse deine Bohnen nicht

Die dritte Möglichkeit kennst du bereits. Es ist die Übung mit den Bohnen. Deine Glücksbohnen sind eine unkomplizierte Möglichkeit zum Einsammeln von Momenten, für die du dankbar bist. Das ist fast überall unauffällig anwendbar z. B. auch im Büro – vorausgesetzt, du hast eine Jacke oder Hose mit Taschen an, was ich mal annehme. Falls du gerade im Urlaub am Strand bist, sind die Bohnen zwar etwas unpraktisch, aber dann kannst du ja auf eine andere Übung umsteigen.

Die Dankbarkeitsmeditation

Für die vierte Möglichkeit suchst du dir am besten für einige Minuten einen ruhigen Ort. Dankbarkeit lässt sich nämlich hervorragend in eine Meditation integrieren.

Setze dich dazu in einer offenen, entspannten Position hin. Nimm jetzt ein paar tiefe Atemzüge, konzentriere dich darauf und nimm wahr, wie der Atem ruhig ein- und ausströmt. Dann spüre einmal in deinen Körper hinein. Wo kannst du die Dankbarkeit fühlen? Lass nun das Gefühl der Dankbarkeit in deiner Vorstellung wachsen, bis es sich auf deinen ganzen Körper ausgedehnt hat und deinen Körper ganz erfüllt. Spreche dazu in Gedanken den Satz: „Ich bin dankbar." Wiederhole den Satz einige Male. Denke nun an Erlebnisse, für die du dankbar bist. Denke an Menschen, für die du dankbar bist. Schicke ihnen in Gedanken deinen Dank. Wenn du das Gefühl hast, dass der richtige Moment gekommen ist, lenkst du deine Konzentration noch einmal zurück auf deine Atmung und beendest deine Meditation.

Den Schalter umlegen

Die Übungen, die ich dir bisher vorgestellt habe, gehen nach innen. Sie haben also mit deinem inneren Fühlen zu tun. Wenn du die Dankbarkeit so übst, wird sie sich für dich mit der Zeit immer schneller einstellen. Ich mache Dankbarkeitsübungen schon sehr lange. Bei mir ist es mittlerweile so, als ob ich einen inneren Schalter umlege würde. Falls mal eine unberechtigte Sorge in meinem Bewusstsein auftaucht, kann ich sie sehr schnell entkräften, indem ich innerlich auf Dankbarkeit umschalte. Mein Dankbarkeitstagebuch habe ich mittlerweile verinnerlicht. Es ist jederzeit abrufbar. Mein Bewusstsein ist inzwischen so ähnlich wie ein Radio, bei dem man verschiedene Programme wählen kann. Ich ändere einfach das „mentale“ Programm, das gespielt wird. Ich stelle es z. B. von Sorgen auf Dankbarkeit um, was wirklich sehr befreiend ist.

Bisher haben wir uns Übungen angeschaut, mit denen wir das Dankbarkeitsgefühl innerlich stärken können. Noch viel kraftvoller wird die Dankbarkeit, wenn du sie nach außen zeigst und an andere weitergibst. Der Friedensnobelpreisträger Albert Schweitzer sagte einmal: „Die dankbaren Menschen geben den anderen Kraft zum Guten.“ Wie die meisten positiven Gefühle ist die Dankbarkeit beziehungsfördernd. Wenn du deine Dankbarkeit also offen zeigst, kannst du damit zusätzlich die guten Gefühle bei anderen vermehren.

Zeige deine Dankbarkeit

Prof. Martin Seligman, einer der führenden Psychologen im Bereich der Positiven Psychologie, führte einmal ein Experiment durch, das nur eine Woche dauerte. Es hieß „Dankbarkeitsbesuch“. Alle Teilnehmer hatten dabei eine Woche Zeit, um einem Menschen, der sie in besonderer Weise unterstützt hatte, dem sie aber bisher nie dafür gedankt hatten, einen Dankesbrief zu überbringen. Alternativ dazu konnten die Teilnehmer auch an anderen Glücksaktivitäten teilnehmen. Die Teilnehmer, welche den Brief schrieben und ihn persönlich dem Empfänger gaben, hatten mit Abstand den größten

Nutzen davon. Sie waren danach sehr viel glücklicher. Dieses Hoch hielt für eine ganze Woche lang an. Sogar nach einem Monat war der Effekt noch spürbar. Das zeigt also, wie wirkungsvoll es ist, wenn man anderen Menschen direkt Dank ausdrückt. Also schreibe ruhig öfters altmodische Dankesbriefe von Hand auf schönes Briefpapier und übergib sie persönlich bei einem Besuch. Darüber freut sich nicht nur der Empfänger, sondern auch du wirst dich dadurch nachhaltig besser fühlen.

Es gibt so viele weitere Möglichkeiten, wie du deine Dankbarkeit ausdrücken kannst. Da sind der Fantasie keine Grenzen gesetzt. Wenn ein persönlicher Besuch gerade nicht geht, dann nutze Social Media, das Telefon oder schreibe eine E-Mail. Sei vor allem spontan beim Ausdrücken deiner Dankbarkeit und schiebe sie nicht auf.

Suche dir einen Dankbarkeitspartner

Außerdem kannst du dir Gleichgesinnte als Dankbarkeitspartner suchen. Ihr könnt euch über eure Dankbarkeitstagebücher austauschen, euch gegenseitig inspirieren und fördern. So bleibt ihr leichter dran und die Glücksgewohnheit Dankbarkeit wird besser gefestigt.

Damit du Dankbarkeit zu einer echten Gewohnheit machst, empfehle ich dir, täglich mindestens eine Dankbarkeitsaktivität anzuwenden. Optimal ist hier zum Beispiel eine 30-Tages-Challenge, bei der du jeden

Tag eine Dankbarkeitsübung machst. Wenn du mehr über 30-Tages-Challenges erfahren möchtest, kann ich dir sehr das Buch von Christin Kunze „Rituale, die glücklich machen" ans Herz legen, falls du es nicht schon kennst.

Dankbarkeit in allen Lebenslagen?

Nun möchte ich noch auf einen wichtigen Punkt eingehen. Was macht man denn, wenn einem so gar nicht nach Dankbarkeit zumute ist? Wie geht man damit um? Was mache ich zum Beispiel, wenn ich mir die Nachrichten im Fernsehen anschaue? Wie soll ich denn mit all dem Negativen umgehen? Soll ich nun hilflos resignieren, mich darüber ärgern oder alles schnellstmöglich verdrängen? Nein, man kann wirklich nicht dankbar sein für Hass, Gewalt, Krankheiten oder Kriege. Aber du hast es in der Hand, wie du damit umgehst! Wenn ich solche Nachrichten sehe, entsteht bei mir eine große Sehnsucht nach einer friedlichen, liebevollen und geheilten Welt. Da entsteht der tiefe Wunsch, mich an dem Ort, an dem ich gerade bin, für eine bessere Welt einzusetzen. Ich frage mich: „Was kann ich heute, hier und jetzt dafür tun?" Heute, hier und jetzt schreibe ich zum Beispiel diese Zeilen und hoffe, dass sie für dich hilfreich sind. Im Grunde sehnen wir uns ja alle nach einem glücklichen Leben. Da stelle ich mir eine Frage: Wie wäre es eigentlich, wenn wir das Schulfach „Glück" schon in der Schule hätten? Wir leben jetzt im dritten Jahrtausend, aber wir sind immer noch in einer Welt, in der es in den Schulen keine Hauptfächer wie „Liebe“ oder „Soziale und emotionale Kompetenz“ gibt. Ich wünsche mir ein Bildungssystem, in dem schon kleinen Kindern Wertschätzung und gegenseitiger Respekt gelehrt wird. Ein Schulsystem, in dem Kinder für Hilfsbereitschaft und Kreativität belohnt werden und nicht nur für Wissen, das sie sich aneignen. Ich wünsche mir Schulen, in denen nicht mehr gemobbt wird und in denen Mitmenschlichkeit im Mittelpunkt steht.

Man könnte die Bildungspläne mühelos entschlacken, um Raum für ein neues Schulfach zu schaffen. Meine Töchter mussten in der Schule beispielsweise lernen, wie bestimmte Gesteinsschichten entstehen und Arbeitsblätter über Mehlkäfer ausfüllen. Das ist unnützes Wissen, welches sie später im Leben nicht mehr brauchen werden. Wieviel wertvoller wäre es, wenn Kinder in der Schule stattdessen lernen würden, weise mit ihren Gefühlen umzugehen? Wenn sie lernen würden, wie sie sich selbst und andere liebevoll annehmen? Wenn sie lernen würden, worauf es in Freundschaften ankommt? Wenn sie lernen würden Dankbarkeit und Freude in sich zu entfalten? Wenn Dankbarkeitsübungen ganz selbstverständlich dazugehören würden? Wenn sie lernen würden, Ängste und Depression loszulassen? Wenn sie lernen würden, wie man effektiv mit Stress umgehen kann? Dadurch könnten wir wirklich nachhaltige Verbesserungen in unserer Gesellschaft erreichen. Wir hätten glücklichere Schüler und Lehrer. Mit dem Wissen über Mehlkäfer kann man dagegen keinen Blumentopf gewinnen. Die Türen für eine menschlichere und friedlichere Welt können sich so weit öffnen, wenn wir alle mit unseren Möglichkeiten mitmachen.

Ja, wir können das alles lernen. Ich arbeite im Coaching mit meinen Coachees genau an diesen Themen. So lange es dieses neue Schulfach aber noch nicht gibt, möchte ich wenigstens Erwachsene auf ihrem Weg zu einem erfüllten und glücklicheren Leben unterstützen. Wenn du dir dabei Begleitung wünschst, komm gerne auf mich zu und wir machen einen Termin für ein orientierendes Gespräch aus. Oder möchtest du dich dafür einsetzen, dass es an Schulen Kurse für emotionale und soziale Kompetenz gibt? Dann melde dich auch bei mir. Vielleicht können wir ja etwas Wunderbares auf die Beine stellen.

Jetzt weißt du, welche Wünsche die Nachrichten bei mir auslösen. Lass dich also von den Nachrichten nicht entmutigen oder in deinem Handeln einschränken. Spüre stattdessen nach, welche Sehnsüchte und positiven Wünsche sie bei dir auslösen und suche nach Wegen, wie du diese im Kleinen in deinem Alltag verwirklichen kannst.

Zum Schluss möchte ich es nicht versäumen, mich besonders bei zwei Frauen zu bedanken, die ich dieses Jahr über Social Media kennenlernen durfte. Von Herzen danke ich der Expertin Anna Nguyen, dass sie mich im Februar mit ihrem Kurs technisch und inhaltlich fit für das Online-Coaching gemacht hat. Das ermöglicht mir nun, viel mehr Menschen in ganz Deutschland mit meinen Coaching-Angeboten zu erreichen. Sie ist in ihrer Tatkraft und ihrem Engagement vorbildlich. Außerdem konnte ich durch sie als Co-Autorin an dem Buch „Von Herzen“ mitschreiben, was mir große Freude gemacht hat. Ich habe durch sie wunderbare Autorinnen kennengelernt wie auch die zweite Frau, der ich herzlich danken möchte. Liebe Christin Kunze, ich danke dir so sehr dafür, dass du deinem Impuls gefolgt bist und dieses Buch ins Leben gerufen hast. Es ist so schön, dass du durch deinen Blog und deine Bücher anderen hilfst, glücklicher zu werden. Danke von Herzen!

MARION SEIDEL

Foto: Marion Seidel

Marion Seidel ist Coach, Psychotherapeutin, Ärztin und langjährige Seelsorgerin. Sie lebt mit ihrem Mann und ihren beiden Töchtern in Stuttgart. Seit 2012 arbeitet sie als Coach, seit 2020 auch als Online-Coach.

Nach einer schweren Krise vor über 20 Jahren fragte sie sich, ob man es irgendwie lernen kann, glücklich zu sein. Die positive Beantwortung dieser Frage war der Wendepunkt in ihrem Leben, denn ein glückliches und erfülltes Leben basiert auch auf der Aneignung bestimmter Denk- und Verhaltensweisen, die wir selbst in der Hand haben und trainieren können.

Sie hat ein All-inclusive Coaching Programm entwickelt, in dem sie ihren Coachees all ihre Erfahrungen und ihre Kreativität aus ihren diversen Berufen zur Verfügung stellt. So können die verschiedenen Bausteine für ein glückliches Leben mit Leichtigkeit eingeübt werden. Ganz individuell können Module zur Verbesserung von Beziehungen (Stärkung sozialer und emotionaler Kompetenz), klassisches Coaching (Mindset und Persönlichkeitsentwicklung) und Gesundheit (z. B. Stressbewältigung) kombiniert werden.

Ihr Lieblingsthema ist das Lernen mit dem Herzen – besonders die Stärkung der allgemeinen Liebesfähigkeit und Verbesserung von privaten oder beruflichen Beziehungen.

www.marionseidel.net

Die Bohnen des Glücks

Wachstumsschmerzen

Ich habe eine für mich schwierige Entscheidung getroffen, eine Entscheidung, die mein Leben ganz schön durcheinander wirbeln kann und wird. Eine Entscheidung, die sich für mich riesengroß anfühlt, doch für andere gar nicht so besonders.

Ich bin derzeit noch Vollzeitbeschäftigte und will meine Stunden reduzieren, um mich nebenberuflich selbstständig zu machen.

Ich will als Autor und Coach mein Herzensbusiness nähren, fördern und groß machen.

Doch trotzdem fühle ich mich merkwürdig. Ich hänge noch in der Schwebe. Es ist noch nichts spruchreif – die Räder der externen Faktoren mahlen noch. Ich habe nun Angst, dass sie mich zermahlen… aber warum?

Weil ich bis vor einem Jahr noch nie mit dem Gedanken von Selbstständigkeit gespielt habe. Ich habe mich in unbekanntes Terrain begeben und weiß nicht, was nun kommt. Alles kann passieren. Ich bin gespannt, freue mich sehr darauf, aber trotzdem bin ich beunruhigt.

Es zwickt und ziept ziemlich in mir. Ich fühle mich unwohl und ich brauche Zeit mich zu erholen.

Ich habe Wachstumsschmerzen.

Doch ich würde nicht mehr den einfachen Weg, in die Komfortzone zurückgehen, damit ich mich besser fühle.

Durch dieses Unwohlsein hindurch ist der einzige Weg der Entwicklung.

Christin Kunze

Der Weg des Loslassens

Petra Herz

Das tägliche Loslassen durfte ich durch Zen erlernen.

Was ist Zen?

Ein Zen-Lebensstil ist ein Versuch, ein einfacheres Leben zu führen. Um dies effektiv zu tun, darfst du eine Reihe von Gewohnheiten übernehmen, die das Chaos deines Alltags minimieren, vereinfachen und lösen.

Indem du Zen-Gewohnheiten, hier das tägliche Loslassen, in deinem Alltag integrierst, wirst du lernen, dich auf das zu konzentrieren, was dich in deinem Leben glücklich macht.

Es besteht die Möglichkeit, deine Fähigkeiten zu verbessern, die unerwünschten und unwichtigen Dinge aus dem Leben zu entfernen.

Das Ziel des Loslassens ist es, ein glückliches, zielgerichteteres und produktiveres Leben zu führen.

Dieser Artikel wird dir helfen, mit den Grundlagen des Zen, das Loslassen zu beginnen und dir zeigen, wie du diese Gewohnheit in deinem Leben umsetzen kannst.

Was ist Loslassen?

Um die Kraft des Loslassens zu verdeutlichen, möchte ich folgende Geschichte erzählen:

Ein Schüler kam einst zu seinem Meister und beklagte sich über die Menschen, die ihn in letzter Zeit beleidigt hatten oder unfreundlich zu ihm waren. „Fast jeden Tag begegnen mir Menschen, über die ich mich aufregen muss, weil sie sich so dämlich verhalten, oder weil sie mich beleidigen oder mich verletzen“, klagte er.

Der Meister ging kurz ins Nebenzimmer und kam mit einem Messer und einem Korb voll Kartoffeln zurück, die er dem Schüler überreichte.

„Ich möchte, dass du an alle Personen denkst, die dich in letzter Zeit verletzt oder beleidigt haben. Dann ritzt du mit dem Messer den Namen jeder einzelnen Person auf eine Kartoffel.“

Dem Schüler fielen schnell einige Namen ein und nach kurzer Zeit hatte er mehrere Kartoffeln beschriftet.

„Gut“, sagte der Meister. „Hier hast du einen kleinen Sack. Gib deine Kartoffeln da hinein und trage den Sack eine Woche lang überall mit dir. Dann komm wieder zu mir.“

Der Schüler tat, wie der Lehrer ihm geheißen hatte. Anfangs empfand er das Tragen des Sackes nicht als besonders schwierig. Aber nach einigen Tagen wurde der Sack immer lästiger; außerdem begannen die angeritzten Kartoffeln zu stinken.

Nach sieben Tagen begab sich der Schüler mit seinem Sack wieder zum Meister.

„Hast du aus dieser Übung etwas gelernt?“ fragte dieser.

„Ich denke schon“, antwortete der Schüler. „Wenn ich anderen nicht vergebe, trage ich diese Gefühle des Ärgers immer mit mir herum, genau wie die Kartoffeln. Und irgendwann verfault das Ganze auch noch. Also muss ich die Kartoffeln entfernen, indem ich meinen Mitmenschen vergebe, so wie es alle großen Weltreligionen predigen.“

„Gut“, sagte der Meister, „du kannst vergeben und so die Kartoffeln loswerden. Überlege bitte, welchen dieser Personen du vergeben kannst, und entferne die entsprechenden Kartoffeln aus deinem Sack.“

Der Schüler dachte nach. Die Vorkommnisse, derentwegen er die Kartoffeln in den Sack gegeben hatte, waren alle schon mindestens eine Woche her; und so vergab er allen Personen und entfernte alle Kartoffeln aus dem Sack.

„Ausgezeichnet“, sprach der Meister und lächelte. „Dein Sack ist wieder leer. Deshalb möchte ich jetzt, dass du für alle Personen, die dich in der letzten Woche verletzt haben, erneut Kartoffeln beschriftest und in den Sack gibst.“

Der Schüler erschrak, denn er erkannte, dass sich so sein Sack schon wieder mit Kartoffeln füllen würde.

„Meister“, rief er, „wenn ich so weitermache, werde ich ja immer Kartoffeln im Sack haben!“

„Ganz genau“, antwortete der Meister verschmitzt, „solange irgendjemand etwas gegen dich sagt oder gegen dich handelt, wirst du Kartoffeln im Sack haben.“

„Aber ich kann doch nicht beeinflussen, was andere sagen oder tun. Was bringt denn die Aufforderung aller Religionen, zu vergeben, wenn wir immer aufs Neue vergeben müssen?“

„Nicht besonders viel, das muss ich zugeben“, antwortete der Meister. „Es ist eben die konventionelle Methode, die von den Religionen und Philosophen gepredigt wird. Das Problem ist, dass sie nur an die Kartoffeln denken und nicht an den Sack. Aber wenn die Kartoffeln deine negativen Gefühle sind, was ist dann der Sack?“

Der Schüler überlegte. Schließlich sagte er: „Ich denke, dass der Sack mein Ego, mein Selbst ist. Ohne den Sack gibt es keine Kartoffeln... und ohne mein Ego keine negativen Gefühle.“

„Was passiert also, wenn du den Sack loslässt?“, fragte der Meister.

„Dann... dann ist das, was die Leute gegen mich sagen oder tun, kein Problem mehr für mich."

„Richtig – und in diesem Fall wirst du niemanden mehr finden, dessen Namen du in eine Kartoffel ritzen könntest. Der traditionelle Weg der Religion und Philosophie betont das Streben nach etwas. Das Dao hingegen bedeutet, nicht zu streben, auch nicht nach der Illusion eines Egos oder eines Selbst. Dann gibt es nämlich nichts mehr, wofür oder wogegen du streben müsstest, sondern du bist eins mit dem Lauf der Welt."

(Kurzfassung einer Geschichte von Petra Herz, nachzulesen in: omnia.)

Lege eine tägliche „Lass-los-Routine" fest

Eine tägliche Routine zu haben, ist Disziplin.

Und Disziplin ist das, worum es bei den Zen-Gewohnheiten geht.

Wenn du dir eine festgelegte Routine aneignest, kannst du mehr Dinge erledigen und das in kürzerer Zeit.

Routine verleiht deinem Tag Struktur und gibt ihm ein geordnetes und ruhigeres Gefühl. Somit kannst du durch Routine und Disziplin auch Struktur für dich selbst gewinnen.

Lerne loszulassen

Das mag schwierig klingen, aber das Erlernen des Loslassens kann dich von Sorgen und unnötigem Ballast in deinem Leben befreien.

Manchmal hältst du an Dingen und Gegenständen fest, die keine Rolle mehr spielen.

Kennst du das? Du glaubst, wenn du loslässt, dass du das nicht überleben wirst? Stattdessen ist es im Wesentlichen der Versuch, an bedeutungslosen Themen oder Dingen anstatt an sinnvolleren, festzuhalten.

Wenn du loslässt, darfst du erkennen, dass das Weggehen von bestimmten Situationen ein Schritt nach vorne ist. Ein wichtiger Schritt zu deinem Glück.

Tatsächlich gibt es Zeiten, in denen bestimmte Dinge in deinem Leben nicht dazu bestimmt sind, zu bleiben.

Der vielleicht schwierigste Teil des Loslassens ist der Umzug aus der Komfortzone in neues Terrain.

Aber denke daran, dass Veränderung aus einem bestimmten Grund geschieht und du darfst bereit sein, dies anzunehmen.

Betrachten wir das Beispiel eines Paares, das sich trennt. Beide Parteien werden darunter leiden, aber wenn es kein Loslassen gibt, kann jeder die negativen Auswirkungen und Folgen nicht reduzieren und es entsteht ein Kreislauf des Schmerzes und Leidens.

Dieses Festhalten an Schmerzen oder unangenehmen Erinnerungen blockiert dich auf der Seele-, Geist- und Körperebene. Dies kann später auch zu größeren Herausforderungen, wie z.B. Krankheit, führen.

Eine erlebte Tragödie, ein Unfall, Arbeitslosigkeit oder gar ein vorzeitiger Tod, lässt dich fragen, was hätte sein können? Eventuell kennst du das auch, wenn die Gedanken nur noch darum kreisen, was hätte sein können???

Es kann auch ein Traum, ein Verlangen, eine Hoffnung oder ein Wunsch sein, was dich beschäftigt. Eventuell etwas, das du vielleicht schon seit Jahren wolltest, aber nie verwirklicht hast.

Es wird sehr wichtig, loszulassen, denn das alles ist unnötiges Gewicht, das dich schwer macht und belastet. Lerne, die Kartoffeln aus dem Sack zu werfen!

Denn je länger du festhältst, desto länger dauert es, bis du vorwärts kommst. Du selbst hinderst dich daran, in deine Gegenwart zu investieren und im jetzigen Augenblick glücklich zu sein.

Sieh dir all die Dinge an, die du besitzt, brauchst du wirklich so viele Dinge?

Das Hemd, das du seit langem nicht mehr trägst, hängt immer noch im Schrank. Die Schuhe, die deine besten Freunde in vergangenen Zeiten waren, haben immer noch einen Platz auf dem Schuhregal. Und all die Bücher, die du nie wieder öffnen wirst, nehmen die Hälfte des Bücherregals ein.

Kommt dir das bekannt vor?

Du sprichst davon, loszulassen, hältst aber weiterhin am Übergewicht fest.

Lerne loszulassen, zu vergeben und mehr zu leben.

Schritte zum inneren und äußeren Loslassen: Urvertrauen

Gewinne dein Urvertrauen zurück.

Oft ist unser Vertrauen im Laufe der Jahre beschädigt worden und du musst lernen, dein Urvertrauen zurückzugewinnen. Wenn dein Vertrauen in das Leben fehlt, dann wird dein Unterbewusstsein ständig Fragen stellen, was passiert dann? Es ist wichtig, dass du dir deine Fundamente des Vertrauens bewusst machst. In welcher Situation hast du das schon einmal erlebt? Das Vertrauen, zu deinen inneren Ressourcen, zu deiner Seele, deinem Geist und zu deinem Herzen, wird dir helfen, dein Urvertrauen wiederzuerlangen.

Hilfreich ist dabei ein Satz, der auch mir gut geholfen hat:

„Ich bin die Liebesgabe des Göttlichen.“

Vielleicht hilft dir auch, was Paulus in der Bibel (1 Kor 3, 16 f.) sagt: „Du bist der Tempel des Heiligen Geistes.“

Um das Urvertrauen wiederzubeleben, mache dir täglich bewusst, für wen und was du dankbar bist. Schreibe dies jeden Abend auf oder mache folgende Übung:

Lege jeden Morgen drei oder fünf Steinchen in deine rechte Hosen-/Jacken-/Rock-Tasche. Immer, wenn du dankbar bist, wechselt ein Steinchen in die linke Tasche. Siehe da, das Gefühl stellt sich ein: Es war ein guter Tag.

So werden deine Dankbarkeit und dein Urvertrauen wachsen und du kannst loslassen!

Im Hier und Jetzt sein

Im Hier und Jetzt leben ist ein äußerst schwieriger und zugleich einfacher Akt des Daseins. Es ist der Moment, wo du dir ganz bewusst bist, wo du bist, wo dein Herz schlägt, wie du atmest und das du im Hier und zentriert bist…und keine Gedanken hast.

Das du weder in der Vergangenheit bleibst, dich mit Herausforderungen oder Problemen herumschlägst, noch Schuldgefühle hast. Keine Verurteilungen, keine Selbstsabotage. Keinen Gedanken an die Zukunft! Nur im Hier und Jetzt sein.

Annehmen

Es hört sich vielleicht verrückt an, du willst ja loslassen und jetzt sollst du etwas annehmen?

Annehmen ist ganz einfach zu verstehen. Ein Beispiel, das du vielleicht kennst:

Wenn dich etwas in einen Raum stört, z.B. dass dort eine Schachtel steht oder etwas herumliegt, dann ist es wichtig, dass du die Schachtel erst annimmst und dann kannst du sie wegtragen.

So ist es auch in deinem Leben, du musst eine Situation zunächst annehmen und dann kannst du eine Wahl treffen, wie du sie verändern, wegtragen und einfach loslassen kannst. Das funktioniert nicht, wenn du anderen die Schuld zuschiebst, dem Ehemann, dem System, dem Chef, den äußeren Umständen, deiner schweren Kindheit...

Du musst die Dinge und Situationen betrachten und annehmen, erst dann kannst du sie loslassen.

Energien

„Alles Sichtbare ist nur ein Gleichnis zum Unsichtbaren." (J.W. Goethe, Prooemion, 1816)

Um loslassen zu können, müssen wir uns den Energien zuwenden, die hinter den Dingen stehen. Das bedeutet, wenn wir konkret loslassen und vergeben wollen, jemandem anderen oder uns selbst, müssen wir Achtsamkeit üben.

Unsere Achtsamkeit muss sich auf die Wirklichkeit selbst konzentrieren, und nicht auf unsere intellektuellen oder emotionalen Reaktionen auf die Wirklichkeit. Vereinfacht gesagt, du hast die Wahl, deine Energie einem belastenden Thema zu entziehen und du kannst eine Wahl treffen, ganz bewusst dort keine Energie mehr hin zu senden.

Dann wird dein Thema, der böse Chef, oder die unfreundliche Kollegin, der anstrengende Sohn oder der nörgelnde Partner, aus deinem Fokus verschwinden, weil du es angenommen hast und deinen Aufmerksamkeitsfokus verändert hast. Die Energie der Dankbarkeit, hilft dir dabei, in eine andere Energie zu kommen.

Die Bedeutung ändern

Wenn wir das Wort „Bedeutung" betrachten, gibt es eine BE-Deutung und es wird sichtbar, dass es an uns liegt, Situationen, Umständen oder Dingen, die uns belasten, eine neue Deutung und Richtung zu geben.

Wenn du den Dingen eine Bedeutung gibst, versorgst du sie mit deiner Energie und deinen Emotionen. Du baust eine sehr starke Bindungsenergie auf und erschaffst damit deine Wirklichkeit.

Vielleicht fühlst du dich als Versager und du erzählst dir selbst und anderen immer wieder die Geschichte, was für ein Pechvogel du bist.

Aber du kannst aber auch die Geschichte erleben, die du erleben willst. Es ist wichtig, dass du anfängst, dir neue Geschichten zu erzählen, die dir eine neue Bedeutung geben, die Wertvolles in sich bergen und die einen Nutzen bringen. Auch das ist ein Teil des

„Loslass-Prozesses" und du wirst immer mehr in die Lage versetzt, das Alte loszulassen.

Eine Wahl treffen

Wenn wir die vorausgehenden Schritte des Loslassens betrachten, wird immer wieder deutlich, wie essentiell die Achtsamkeit und das Leben im Hier und Jetzt ist. Durch den Entzug deiner Energien von Prozessen, die du loslassen willst, erhältst du eine neue Entscheidungsfreiheit, die somit auch eine neue Wahl ermöglichen. Diese Freiheit der Wahl ist ein Geschenk und viele Menschen haben einfach Angst eine eigene Entscheidung zu treffen. Die Angst etwas Falsches tun, lähmt viele und so wird Vertrauen in das eigene Tun notwendig und wichtig.

Loslassen

Der letzte Schritt verdeutlicht dir nochmals, welche vorausgehenden Schritte gegangen werden müssen, um den Prozess des Loslassens zu erreichen. Dabei kann durch Loslassen möglicherweise eine große Leere entstehen, die Angst erzeugen kann. Diese gilt es auszuhalten, damit du eine Wahl treffen kannst und damit Neues in deinem Leben Platz hat.

Für manche Menschen erscheint es leichter, das gewohnte Elend zu ertragen, als das ungewohnte Glück zu erleben. Manche verharren lieber bei einem

Partner, der sie drangsaliert oder schlägt, weil sie nicht erfahren wollen, wie es ist, einsam zu sein. Auch heißt es oft, lieber einen schlechten Job, als gar keinen…

Los-lassen heißt auch Freiräume schaffen. Dies gelingt auch ganz gut durch Aufräumen im eigenen Leben und sich vergegenwärtigen, was wichtig und wirklich ist.

Praxisbeispiele

Hier möchte ich dir ein paar Übungen vorstellen, die dir helfen können, Achtsamkeit zu üben, im Hier und Jetzt zu leben, Vergebung zu praktizieren und dankbar zu werden.

Bitte um Vergebung

„Liebe Seele, Geist und Körper aller Seelen, denen ich, meine Ahnen und meine Nachfahren in diesem oder einem früheren Leben durch negative Gedanken, Worte oder Handlungen geschadet haben, bitte kommt zu mir. Ich liebe, achte und wertschätze Euch. Ich entschuldige mich aufrichtig und aus ganzem Herzen für all die Fehler, für all das Unrecht und all das Leid, das ich, meine Ahnen und meine Nachfahren Euch je angetan haben. Ich danke Euch für all die Lektionen, die ich lernen durfte. Ich habe daraus gelernt und werde die gleichen Fehler nicht mehr machen. Ich bitte Euch aus ganzem Herzen um

Vergebung. Bitte vergebt uns bedingungslos. Lasst uns gemeinsam alle Blockaden auflösen. Lasst uns alle Blockaden in Licht und Liebe transformieren, für mehr Liebe, Frieden und Harmonie zwischen uns und allen Seelen im Universum. Ich werde der Menschheit und allen Seelen bedingungslos dienen. Danke."

Schenke anderen Seelen Vergebung

„Liebe Seele, Geist und Körper aller Seelen, die mir, meinen Ahnen und meinen Nachfahren in diesem oder einem anderen Leben durch negative Gedanken, Worte oder Handlungen geschadet haben, bitte kommt zu mir. Ich liebe, achte und wertschätze Euch. Ich vergebe Euch bedingungslos und aus ganzem Herzen. Ich erlasse Euch alle spirituellen Schulden, die Ihr mir gegenüber habt. Lasst uns gemeinsam alle Blockaden auflösen. Lasst uns alle Blockaden in Licht und Liebe transformieren, für mehr Liebe, Frieden und Harmonie zwischen uns und allen Seelen im Universum. Danke."

Vergebungsübung für die eigene Seele:

„Meine liebe Seele, ich liebe, achte und wertschätze dich zutiefst. Ich bedaure sehr, was ich dir angetan habe und was wir anderen angetan haben. Ich vergebe mir selbst aufrichtig und bedingungslos. Danke!"

Ausblick

Ein Zen „Loss-lass-Lebensstil" bedeutet, dass du viele Gewohnheiten, Besitztümer, Denkweisen und Perspektiven aus deinem Leben herausfiltern und loslassen kannst. All das dient dazu, dein Leben zu vereinfachen und um glücklicher und friedvoller zu werden.

Lebe dein Leben. Folge deinem Herzen.

PETRA HERZ

Foto: Petra Herz

Mein Weg zur Selbstheilung

„Versuche nicht, ein erfolgreicher, sondern ein wertvoller Mensch zu werden." Diese Weisheit stammt von Albert Einstein der, wie ich, in Ulm geboren wurde.

Meine Eltern durchlebten als junge Menschen den Zweiten Weltkrieg und leisteten, zusammen mit den Großeltern, den Nazis Widerstand in dieser dunklen Zeit. Sie erlebten eine Welt voller Gewalt und schützten bedrohte Minderheiten. Dieser Kampfgeist und der Wille, eine bessere Welt zu schaffen, wurden mir gleichsam in die Wiege gelegt. Werte wie Frieden, Gleichheit und Gerechtigkeit wurden mir und meinen Geschwistern durch die Eltern vermittelt und gelehrt.

Schon sehr früh lernte ich von meinem Vater, der ein traditioneller Baumeister war, die Geheimnisse eines Zuhauses für eine Familie kennen. So faszinierten mich bereits im Alter von 13 Jahren die Themen: Baubiologie und Alternative Bauweisen und ich begann, mich intensiv damit auseinander zu setzen.

Folglich fiel dann meine Studienwahl auf Architektur, Baubiologie und Sachverständige für Schäden an Gebäuden und Wertermittlung.

Die Architektur erschien mir als ein Bereich, in dem ich Städte und Menschen durch meine Arbeit aktiv verändern könnte. Ich wurde Expertin im Bereich Projektentwicklung und Feng Shui und arbeitete für den öffentlichen Sektor sowie für nationale und internationale Unternehmen.

Herausforderungen überwinden...

Die Tätigkeit bei einer international agierenden Firma war einer der Höhepunkte meiner Karriere und brachte mir auch internationale Auszeichnungen ein. Das Leben der Menschen durch meine Architektur zu verbessern, inspirierte mich zutiefst. Ich entwickelte neue, innovative Ansätze und durfte die Architektur mehrerer Städte und Kommunen beeinflussen.

Diese Zeit war jedoch auch die Zeit unerwarteter Herausforderungen. Ich verlor meine Kinder bei einem Unfall. Der Tod meiner Zwillinge riss mich in

Tiefen, die ich niemals für möglich gehalten hätte und von denen ich glaubte, ich würde sie niemals überstehen. Ich suchte vergeblich nach Hilfe und meine Verzweiflung fraß mich innerlich auf.

Es war, als hätte sich ein schwarzes Loch aufgetan, das alles verschlang. Der nächste Tiefschlag folgte in Form meiner persönlichen „Todesstrafe“: Die Ärzte diagnostizierten bei mir eine, vermeintlich unheilbare, schwere Erkrankung.

Doch selbst in den extremsten Krisen des Lebens gibt es mitunter Strahlen des Lichts, wenn man sie nur erkennt. Mein Licht war die Entdeckung der Möglichkeit der Selbstheilung, durch Meditation und energetische Hausreinigung.

Ich lernte die effektivsten Methoden kennen, wie ich meine negativen Gedanken verändern kann und wie ich effizient Stress bekämpfen kann, um meine Gesundheit im Gleichgewicht zu halten.

Seit mehr als 10 Jahren bilde ich Menschen zu spirituellen Coaches aus und darf mein gesammeltes Wissen von mehr als 30 Jahren Berufserfahrung weitergeben.

Ich freue mich, wenn du ebenso inspiriert bist, und täglich 10 Minuten für dein HERZ und deinen Loslass-Prozess investierst.

www.facebook.com/HerzAkademie/

Krähenräuspern

Vor meinem Fenster fliegt sie vorbei:
Die Krähe.
Mit sich führt sie den ihr natürlichen Schrei.

Die Krähe ist der Bariton der Vögel.
Sie singt mit einem Räuspern, einem Knarzen,
einem Reibeisengurgeln.

Sie trägt ihren Ruf in die Lüfte und es ist mir als
verstehe ich:
HIER
HIER
HIER.

Christin Kunze

Glücksroutinen mit Ayurveda & Yoga

Shyney Vallomtharayil

Glücksroutinen sind existentiell. Mit Ayurveda & Yoga findest du zu dir selbst. Denn der Weg zum Glück verläuft ausschließlich über dich selbst!

Stress, Hektik, ständige Erreichbarkeit. Höher, schneller, weiter – glücklicher?

In unserer Leistungsgesellschaft werden wir von klein auf darauf konditioniert, dass wir ständig leisten sollen. Wir sollen das schönere Bild malen, die besseren Noten erzielen, den besseren Job, das bessere Auto, das bessere Haus erreichen.

Das sind die messbaren äußeren Dinge, damit wir uns schön vergleichen können.

Wir hetzen durch unseren Alltag, die Zeit rennt uns davon. Statt Erinnerungen zu schaffen, statt gemeinsam zu er-leben, arbeiten wir so lang, bis wir einsam sind.

Unsere Körper und unsere Seelen werden kränker und statt uns auf uns selbst zu konzentrieren, schimpfen viele auf die Politik oder das System. Kann man so machen. Aber damit begibt man sich auf einen Nebenplatz, setzt zu viel Energie auf das falsche Pferd. Und das Glück in uns – schwindet!

Vergleiche mit Anderen

Doch diese Vergleiche schädigen uns und machen uns nicht glücklich. Denn sie lenken uns vom Wesentlichen ab: Von uns! Es ist nicht entscheidend, was die anderen machen. Ob sie es besser oder schlechter machen können, ob sie mehr oder weniger erreicht haben als du. Das ist unwichtig. Entscheidend bist nur du.

Der Vergleich hinkt: wir vergleichen uns meist eher mit dem, der etwas besser kann, noch mehr erreicht hat oder schöner ist. Wenn man sich dies ein klein wenig zum Vorbild macht, um selbst zu wachsen, sich selbst zu entwickeln und den eigenen Weg zu gehen – wunderbar!

Doch seien wir mal ehrlich: Die meisten vergleichen sich eher seltener mit dem, der weniger kann, der weniger erreicht hat. Natürlich gibt es da die Profilierungsneurotiker und die mit geringem Selbstbewusstsein, die es leider nötig haben, andere klein und schlecht zu machen, um sich selbst besser zu fühlen, um sich selbst größer machen. Auch damit schädigt man sich am Ende selbst.

Aber das meine ich nicht: Nicht herablassend oder mit negativen Hintergedanken, sondern liebevoll annehmen, wer man selbst ist. Dabei darf man sich seine eigenen Erfolge gern anerkennen, darf stolz auf sich selbst sein. Stolz über das Erreichen eines Ziels, aber ebenso stolz über den Weg zum Ziel, der meist viel entscheidender ist. Das kannst du auch ohne Vergleiche mit anderen – bleib bei dir selbst!

Bleib bei dir selbst!

Bei sich selbst zu bleiben, kann mitunter gar nicht so einfach sein. Denn so manch einer kann mit sich selbst gar nichts anfangen, oder es macht unruhig und macht Angst. Sich bloß nicht mit sich selbst beschäftigen, das kann eine Lebensstrategie sein. Denn da kommen Gefühle hoch, die man doch seit Jahren mit aller Kraft unter den Teppich gekehrt hat. Viel einfacher ist es, ein Entertainment-Programm zu machen, sich permanent im Außen zu beschäftigen. Und es ist auch einfacher, sich mit den Fehlern von anderen zu beschäftigen, als mit den eigenen Fehlern.

Kann man so machen, aber glücklich wird dabei keiner! Aber genau hier hilft die Kombination aus Ayurveda und Yoga!

Es geht um dich selbst, auf eine liebevolle Art und Weise. Es geht darum, mit dir in Harmonie und Frieden zu kommen, zu sein und zu bleiben. Nur so wirst du auch in Harmonie und Frieden mit anderen kommen, sein und bleiben. Und dich vielmehr in einem Zustand von Glück befinden.

Es geht darum, dich selbst erstmal kennenzulernen, herauszufinden wer du bist, was du willst, was du brauchst und was nicht. Dabei sind die echten Inhalte, die echten Gefühle wichtig. Keine Statussymbole. Kein Ziel, nur weil die anderen es auch so machen. Es geht um dein echtes Innerstes. Denn wenn du dich selbst nicht kennst oder dich selbst verleugnest, kannst du nicht frei und glücklich sein.

Aber was ist eigentlich Ayurveda & Yoga? Und wie kann dir die Kombination daraus helfen?

Ayurveda

Auch wenn Ayurveda im Westen mehr im Wellness-Bereich oder Ernährungs-Sektor zu finden ist, so ist es tatsächlich ein ganzheitliches Medizinsystem, das als solches von der WHO, der Weltgesundheitsorganisation, weltweit anerkannt ist. Jedoch ist das leider bei der Bundesregierung noch immer nicht angekommen. Ayurveda existiert seit mehr als 5.000 Jahren in Schriftform, hat sich nie geändert und ist noch immer hochaktuell.

Außerdem ist Ayurveda eine ganze Lebensphilosophie. Auch wenn ich leider in diesem Kapitel nicht sehr detailliert in die Tiefe gehen kann, weil das einfach den Rahmen sprengen würde, möchte ich dir dennoch ein paar Dinge mit auf den Weg geben:

Im Ayurveda haben wir die Lehre von *Tridosha. Tri* bedeutet Drei. *Dosha*, dafür gibt es keine korrekte Übersetzung im Deutschen, kann jedoch übersetzt werden mit den Lebensenergien oder auch Bio-

Energien. Diese sind *Vatha*, *Pitta* und *Kapha*. Sind diese drei in Balance, so sind wir gesund. Kommt eine dieser drei aus seiner Bahn, geraten auch die anderen beiden in eine Schieflage. Dies ist die Basis oder der Beginn von einer Störung, die sich zu einer Krankheit bis hin zu einer chronischen Krankheit entwickeln kann.

Störungen, Tageszeiten, Lebensspannen, Körperregionen und mehr werden in *Vatha*, *Pitta* oder *Kapha* eingeteilt. Ebenso das *Prakrithi*, der Konstitutionstyp. Der Konstitutionstyp ist das, was uns als Person ausmacht. Hierzu gehört unter anderem eine typische Körper-, Haar- oder Hautstruktur und die Kraft des Verdauungsfeuers *Agni*.

Jeder von uns hat alle drei in sich. Sprechen wir beispielsweise von einem Vatha-Typ, bedeutet es lediglich, dass das Vatha gegenüber Pitta und Kapha eine Dominanz aufweist. Ca. 80 % der Menschen sind allerdings Mischtypen, zum Beispiel Vatha-Pitta oder Kapha-Vatha. Somit ergeben sich neun mögliche Konstellationen, ohne die Untergruppierungen zu berücksichtigen.

Konstitutionstyp und Glücksrituale

Eigentlich muss man sagen, dass Glücksrituale für jeden gut sind und jedem guttun. Unabhängig von dem jeweiligen Konstitutionstyp.

Dennoch ist es hilfreich, wenn man seinen eigenen Konstitutionstypen kennt und sich entsprechend einstellt. Im Westen kennen wir eher die pauschalen

Tipps: Yoghurt ist für jeden gut. Wenn man etwas erreichen will, muss man früh aufstehen….

Im Ayurveda sehen wir das nicht so, sondern es wird entsprechend des Konstitutionstyps und anderen Faktoren individuell ausgewählt, was für diesen Menschen gut ist.

Ein Kapha-Mensch ist beispielsweise eher ein Morgenmuffel. Wenn der nun morgens Glücksrituale etablieren möchte, wird er garantiert nicht mit denselben Ritualen glücklich, wie ein Vatha- oder ein Pitta-Mensch. Denn er braucht einfach mehr Zeit morgens. Alles ein wenig gemütlicher, langsamer. Dem Vatha-Menschen wäre das wahrscheinlich schon zu langwierig und zu langweilig. Er bräuchte dann schon relativ schnell Bewegung.

Auch wenn das jetzt nur ein ganz grobes Beispiel ist, kannst du erkennen, dass es durchaus Sinn macht, seinen Konstitutionstypen zu kennen und sich entsprechend einzurichten.

In meinen 1:1 Beratungen habe immer wieder erlebt, dass hieraus weitreichende Erkenntnisse gewonnen werden konnten und sich Menschen endlich selbst verstanden. Ein sehr bewegendes Gefühl, das mich jedes Mal sehr berührt.

In den Gesprächen konnte ich dann individuell bestimmen, was nur für sie, in ihrer Lebenssituation passt und entsprechend funktionierte. Das betrifft die Ernährung ebenso wie die täglichen Routinen und Rituale und eben auch die Glücksrituale. Der Weg zu deinem Glück verläuft ausschließlich über den Weg zu dir selbst!

Yoga

Viele Menschen im Westen erleben Yoga leider eher als Turnübung. Zum Schlankwerden. Es geht um das Außen und das ist weltweit ein Milliardengeschäft.

Nach einer Hüft-Operation, einem Knieleiden oder ähnlichem, meinen viele, dass sie nicht mehr Yoga praktizieren können, da sie nicht mehr so flexibel seien. Diese Auffassung rührt leider von dem völlig falschen Bild, das uns die Medien ständig um die Ohren hauen:

Junge Menschen, vor allem Frauen, die sehr schlank sind (manche sogar bedrohlich dürr), vor tollen Hintergründen, die sich selfie-gerecht in sexy Buxen möglichst dramatisch verbiegen. Das sind häufig die Bilder, die uns angeboten werden, wenn es um Yoga geht.

Yoga ist mehr

Yoga ist eine jahrtausendealte Lebensphilosophie aus Indien und so viel mehr als körperliche Übungen, die wir *Asanas* nennen. Es geht auch um Atemübungen (*Pranayama*), Meditation (*Dhyana*), unsere Sinne, Reinigungsrituale (*Kriya*), aber auch sehr viel Theorie. Selbst körperlich behinderte Menschen oder alte Menschen können Yoga praktizieren. Das ist mir sehr wichtig, immer wieder deutlich zu betonen.

Yoga ist ein Weg, zu dir selbst zu finden. Mit dir selbst in Frieden und in Liebe zu sein, deinen Geist in einen Zustand der Ruhe zu bringen, ein Weg dein Leben zu gestalten, auf ganzheitlichem Weg alle deine Ebenen miteinander in Harmonie zu vereinen.

Der Körper spielt im Yoga nur eine untergeordnete Rolle. Im Westen ist es leider andersherum. Das Außen, der Körper und wie schön, schlank und straff er ist – das scheint für die meisten das entscheidende Kriterium zu sein. Daher beschäftigen sich viele eher mit den Outfits als mit ihrer Atmung, fühlen sich erleuchtet, weil sie weißes Leinen tragen und ein Om-Zeichen tätowiert haben, um es mal provokant auszudrücken.

Yoga ist kein Sport und es geht nicht vordergründig um Abnehmen. DAS ist genau, was Yoga NICHT ist!

In meinem Blog und meinem Podcast erkläre ich, dass es traditionell eigentlich nur 4 Yoga-Arten gibt: Raja Yoga, Bhakti Yoga, Karma Yoga und Jñana Yoga. Das weltberühmte Hatha-Yoga ist nur ein kleiner Teil des Raja Yoga – hast du es gewusst?

Dein Benefit

Ayurveda & Yoga sind sanft, sie sind ganzheitlich, nachhaltig und wirken sehr tief. Vor allem in Kombination. Daher bin ich nie für eine oberflächliche schnelle Lösung, die dir am Ende nicht wirklich viel bringen wird.

Du bist keine Ansammlung von Organen. Sondern du bist ein Ganzes, auf allen Ebenen. deine Ebenen hören nicht auf der Ebene des Körpers auf. Daher solltest du dich selbst auch als ganzheitliches Wesen betrachten.

Reduzierst du dich selbst nur auf den Körper, wirst du niemals glücklich werden.

Nimm dich in deiner ganzen Vielfalt und deiner ganzen Pracht wahr.

Lebe und liebe dich selbst.

Ayurveda & Yoga bieten dir eine Menge Wege, was du jeden Tag für dich umsetzen kannst.

Rituale & Routinen sind sehr wichtig.

In meiner Membership-Gruppe haben wir gerade die Morgenroutine genau besprochen und einige Tipps erfahren. Denn mit welcher Energie du den Tag startest, beeinflusst eben den restlichen Tag und dein Energielevel. Ein paar dieser Tipps möchte ich dir hier weitergeben:

Morgenroutine beginnt am Abend

Viele Coaches und Autoren beschreiben verschiedene Rituale, die sie morgens empfehlen und beginnen dabei meist ab dem Zeitpunkt, wenn wir aufgestanden sind.

Ich beginne vorher: Das entspannteste Morgenritual beginnt am Abend vorher!

Wenn du dich bis spät abends oder nachts durch Filme, Podcasts oder Bücher mit Themen beschäftigst, die deinen Geist mitnehmen, aufwühlen, wütend machen, dir Energie entziehen oder an alte Verletzungen erinnern, dann wird dein Herz und dein Geist sich auch in der Nacht damit auseinandersetzen.

Vielleicht bemerkst du es, weil du dich am nächsten Morgen an einen komischen Traum erinnerst oder du dich gerädert fühlst, denn du konntest nicht einschlafen oder bist immer wieder wach geworden.

Klar: Wenn du schlecht bzw. unruhig geschlafen hast oder dein Schlaf wenig erholsam war, dann bist du natürlich nicht fit und strahlend, wenn dein Wecker morgens brüllt.

Daher: belaste deinen Geist am späten Abend nicht mit solchen Themen und Gefühlen. Wenn du solche Themen nicht vermeiden kannst oder willst, dann plane Zeit ein, bevor du ins Bett gehst.

Das ist das Fundament für den nächsten Morgen.

Verbanne dein Smartphone aus dem Schlafzimmer! Auch wenn sich die Wissenschaftler nicht einig sind, besteht die Gefahr der Strahlung, die sich negativ auf deine Gesundheit auswirken kann. Bring dich außerdem nicht in Versuchung, morgens direkt nach dem Öffnen der Augen auf dein Smartphone zu sehen und direkt mit den Nachrichten und Erwartungen der anderen, der To-Dos, die auf dich warten, zu beschäftigen. Nein, komm erst mal in dem neuen Tag an und beschäftige dich erstmal ausschließlich mit dir selbst!

Morgenroutine

Wie du deinen Tag beginnst, beeinflusst in sehr hohem Maße, wie dein Tag energetisch weitergeht. Wie du mit Stress umgehen kannst, wieviel Kraft dir zur Verfügung steht oder wie schnell du aus der Bahn geworfen werden kannst.

Es gibt sehr viele Routinen und Rituale, die sich insbesondere am Morgen bestens eignen. Jeder ist als Mensch anders, hat phasenweise andere Bedürfnisse. Wir haben vielleicht am Wochenende mehr Zeit morgens als unter der Woche und im Urlaub mehr als im Alltag.

Hierbei ist wichtig, dass wir uns ein wenig Zeit aktiv und bewusst für uns nehmen. Im Alltag ist das genauso wichtig. Am Wochenende oder im Urlaub sollten wir nicht aus Gewohnheit darauf verzichten.

Welche Rituale die für dich passenden sind, musst du ein wenig ausprobieren. Ich bin immer ein Freund davon, viele Werkzeuge zu kennen, damit du genau weißt, welches du nutzen kannst, wenn du es brauchst. Beginne deinen Tag ganz bewusst und spüre in dich hinein: Wie fühlst du dich heute? Fühlst du dich erholt? Hast du geträumt? Ziept es irgendwo oder fühlst du dich in deinem Körper rundherum wohl?

Konkrete Tipps:

1. Wenn dein Wecker klingelt, spring nicht direkt auf, sondern gib dir einen bewussten Moment, in diesem Tag anzukommen.

2. Begrüße innerlich den Tag und öffne dich dafür, dass es heute ein toller Tag wird.
3. Bewege deine Gliedmaßen langsam und sanft.
4. Achte ganz bewusst auf deinen Atem. Wie er in dich hinein- und hinausströmt.
5. Schenke dir selbst ein Lächeln und spüre liebevoll in dich hinein, wie du dich jetzt gerade fühlst. Bleib ganz bei dir und bleib ganz im Hier & Jetzt.
6. Bleib einen Moment sitzen und gehe danach bewusst den ersten Schritt mit deinem rechten Fuß
7. Öffne das Fenster, nimm etwas Schönes wahr: Die Sonne, einen Schmetterling, ein im Wind tanzendes Blatt
8. Sei dankbar! Benenne ganz konkret, wofür du dankbar bist und schreib es gern auf!
9. Wenn du magst, mach es wie ich: Ich begrüße nun auch alle fünf Elemente: Erde, Wasser, Feuer, Luft und Raum. Diese sind Teil der Fünf-Elemente-Theorie Mahaboota aus Ayurveda
10. Beginne mit deiner Bad-Hygiene. Nach ayurvedischen Prinzipien gibt es hier eine Reihe von Ritualen, die wir beachten sollten, wenn wir glücklich und einfach leben möchten.
11. Trinke 1-2 Tassen heißes Wasser. Ja, genau richtig gelesen. Kein Kaffee, kein Tee. Einfach

nur heißes Wasser. Koch das Wasser auf und trink es danach. Dein Körper hatte nun nach der Nacht 6-8 Stunden nix zu trinken, er hat mega Durst. Gib ihm Wasser, dann kommen automatisch viele Prozesse easy & speedy in Gang, ohne dass du was dafür tun musst. Dein Körper kann warmes oder heißes Wasser viel schneller verarbeiten und in die Regionen senden, wo es gebraucht wird, als wenn das Wasser lauwarm wäre. Je kälter, desto schlechter. Aus diesem Grunde solltest du übrigens auch lieber Tee trinken statt kalte Soft Drinks, wenn du Durst hast oder es draußen heiß ist. Warum glaubst du, dass Milliarden Menschen in Asien, Afrika, arabischen Ländern und Süd-Amerika dies trotz des heißen Klimas seit Jahrtausenden tun? Tipps wie diese gebe ich den Mitgliedern **meines Memberships** natürlich regelmäßig. Sie erfahren und erkennen die Zusammenhänge und kommen easy & speedy in die Umsetzung, trotz Alltags-wahnsinn können sie so für sich selbst sorgen.

12. Beginne nun mit einer Yoga-Einheit. So, wie du es brauchst, kannst du mit Yoga-Übungen sowohl in dem Tag ankommen, als auch deine Gliedmaßen sanft mobilisieren und deine Ebenen miteinander verbinden. Ebenso kannst du helfen, deinen Kreislauf und deine

Konzentration in Schwung zu setzen. Eine Meditation hilft dir, den Geist zu klären und erwecken.

13. Schließe Yoga ab, indem du deinem Geist frischen Saft einschenkst: Lies ein paar Zeilen oder ein paar Seiten. Wähle bewusst aus, was du liest: Es sollte etwas sein, dass dich innerlich wachsen lässt, dass dir keinen Druck macht. Etwas philosophisches, positive Impulse, alte Texte aus Ayurveda & Yoga. Das ist dein erstes Frühstück. Erst der Geist, dann der Körper.
14. Frühstück für den Körper: Frühstück ist wichtig, doch wähle es am besten nach deinem Konstitutionstyp aus, um dein Verdauungssystem nicht unnötig zu belasten, was dir für den Tag wiederum Kraft entzieht. Dein Frühstück enthält im besten Fall viele Nährstoffe und Vitamine, ist leicht zu verdauen und macht dich satt & glücklich. Verwende Farben, zum Beispiel durch die Auswahl von Obst und Geschirr. Iss in Ruhe und im Sitzen. Sich zwischendurch ein Fleischwurstbrötchen zwischen die Kiemen zu schieben, während man sich anzieht und bereits ins Auto hüpft – das ist kein Frühstück, was dich bereichert, dich nährt und dir Kraft für den Tag gibt!

Routinen entschleunigen

Dass Routinen entschleunigen können, ist mittlerweile auch im Westen angekommen. Hirnforscher konnten beweisen, dass weniger Hirnregionen arbeiten müssen, daher die kognitive Belastung verringert wird, wenn wir Gewohnheiten und Routinen leben. So müssen wir nicht täglich unglaublich viele Datenströme verarbeiten, wenn wir die Schuhe zubinden, Auto fahren oder die Zähne putzen.

Aus ayurvedischer Sicht haben wir sogar noch mehr Vorteile:

Wenn wir gestresst sind, ist meist das Vatha und auch das Pitta in Störung. Das Bewegungsprinzip von Vatha und die Explosionskraft von Pitta werden durch Routinen besänftigt. Je mehr Routinen und Rituale, desto mehr entsteht Harmonie der Doshas, durch die Beruhigung von Vatha und Pitta und durch die Stärkung von Kapha.

Die Harmonisierung der Doshas wiederum bringt die Prozesse in Gang, die ihrerseits dafür sorgen, dass unser Immunsystem, Schlaf und Verdauung stark sind, dass wir uns wohl fühlen, dass wir Krankheiten präventiv entgegentreten können und bestehende Erkrankungen reduzieren.

Glücksrituale sind überlebenswichtig

Denn sie entschleunigen, entstressen, sie machen glücklich. Ich habe ein riesengroßes Portfolio an Glücksritualen. Sie sind meine kleinen Inseln, die ich mir im Alltag baue. Sie schenken mir Freude und

Lebensfreude, sie geben mir Kraft und machen Spaß. Sie stärken meine Selbstliebe und damit mich als ganze Person.

Einige Glücksrituale mache ich nur allein und nur für mich selbst. Andere mit der Familie oder mit Freunden. Wieder andere mache ich bewusst nur mit fremden Menschen.

Für mich allein mache ich einiges, denn ich bin es mir wert!

a) Ich lese – für meinen Geist. Das sind Bücher, eBooks oder Artikel im Internet, die Inhalte lassen mich wachsen, sie berühren mein Herz und bringen mich in positive Schwingungen.

b) Ich pflege – für meinen Körper. Das sind Tages- und Wochenroutinen, ich spüre genau, wo Störungen sind oder sich gerade aufbauen und wirke ihnen entgegen. Und ich gönne mir regelmäßig Massagen.

c) Ich schenke – für meine Selbstliebe. Wenn ich Anderen zu Weihnachten etwas schenke, dann geht es mir darum, ihnen eine Freude zu machen. Also ist es für mich nur logisch, dass ich mir auch für mich selbst die Zeit nehme, die Mühe mache. Dass ich mir überlege, was mir wohl Freude bereiten könnte. Wenn es etwas Materielles ist, dann packe ich es mir auch in Geschenkpapier ein und lege es genauso wie die anderen Geschenke unter den Weihnachtsbaum. Aber auch unterjährig mache ich mir immer wieder selbst Geschenke. Materiell, eine Fortbildung oder einen Ausflug, oder, oder, oder…

d) Ich lebe – für meine Seele. Dafür gehe ich in die Natur. Ich (er)lebe, wie sie lebt. Dafür gehe ich allein oder mit anderen und erschaffe Erinnerungen. Denn am Ende des Lebens werden wir uns daran erinnern. Und nicht an den Stress. Ich nehme jede Gelegenheit wahr, die mir das Leben schenkt und erlebe so unglaublich viele und schöne Dinge und lerne super tolle und interessante Menschen kennen

Andere Rituale mache ich mit meiner Familie.

a) Zum Beispiel wird geknuddelt, was das Zeug hält! Übrigens: Auch, wenn ich gestresst bin, dann schnappe ich mir meinen Mann oder mein Kind, knutsche und knuddle eine (große) Runde und dann ist der Druck plötzlich weg.

Das Herz ist wieder aufgefüllt, der Kopf ist frei und ich komm auf Lösungen, statt mich in der Sackgasse im Kreis zu drehen.

b) Sonntagsritual: Nach der Bad-Hygiene machen wir uns unser Heißgetränk und verkrümeln uns nochmal gemeinsam ins Bett. Wir knuddeln, wir reden. Wir lachen, erinnern uns und träumen. Wir erzählen uns unsere Wünsche und manchmal planen wir. Wir lesen unserem Kind vor oder suchen in Wimmelbüchern. Das ist uns ein wichtiges Familienritual. Wenn wir aufgrund unserer Reisen voneinander getrennt sind, so können wir zwar nicht knuddeln, aber den Rest machen wir dennoch weiter: Virtuell treffen wir uns online. Jeder in seinem Bett, aber dennoch gemeinsam. Und danach frühstücken wir gemeinsam und in Ruhe. Entweder an einem Tisch oder virtuell. Aber gemeinsam!

So manches Ritual mache ich bewusst nur/auch mit Fremden:

a) Wenn ich sehe, dass jemand Hilfe braucht, bin ich zur Stelle.

b) Zufallsbegegnungen nehme ich nicht nur wahr, sondern ich lebe sie. Treffe ich jemanden im Supermarkt, im Café oder ähnliches, dann nehme ich oftmals besondere Energien wahr. Irgendetwas fängt meine Aufmerksamkeit. Wenn das der Fall ist, dann weiß ich, dass diese Person für mich eine Botschaft bereithält, oder dass ich anscheinend für diese Person eine Botschaft bereithalte.

Ich öffne mich innerlich für den „Datentransfer“ und beginne einfach so ein Gespräch. Mit offenem Herzen und einem Lächeln. Es funktioniert! Unglaublich, was sich aus diesen Gesprächen bereits entwickelt hat! Es hat uns immer weitergebracht, Freude geschenkt und glücklich gemacht. Es sind sogar echte Freundschaften daraus entstanden.

c) Zu jemandem nett sein, der es scheinbar nicht verdient: Oft sind die Menschen nur nett zu denjenigen, die auch nett zu uns sind. Das fällt uns einfach leichter. Die Menschen, die zu uns grummelig oder unhöflich sind, da verschließen wir schnell unser Herz und sind auch nicht mehr nett, hilfsbereit oder vermeiden den Kontakt mit ihnen.
Ich versuche regelmäßig, mit meiner Liebe im Herzen, mich selbst zu öffnen. Dann sehe ich plötzlich hinter der Unhöflichkeit etwas Anderes: Angst, Unsicherheit, schlechte Laune, Traurigkeit, Wut. Aber dies hat nix mit mir zu tun. Also öffne ich mich weiter, bin bewusst

dennoch nett und helfe. Aber ohne Erwartung! Das ist wichtig. Ohne die Erwartung, derjenige möge sich ändern, möge plötzlich nett zu mir sein. Denn das wäre hinterhältig. Nett zu ihm zu sein, damit er nett zu mir ist – da ginge es nur um mich oder mein Ego. Nein, ich bin in dieser Situation nett zu demjenigen, weil es um ihn geht. Und selbst wenn er sich nicht ändert, ich lasse ihn, wie er ist. Ich weiß, dass etwas bei ihm ankommen wird. Vielleicht etwas später. Vielleicht auch jetzt schon und er kann es mir nur nicht zeigen. Aber wie gesagt, es geht nicht um mich. Daher: Ich bin nett zu ihm, um nett zu sein. Ich bin nett zu ihm, um ihm etwas Nettes zu gönnen, ihm zu helfen, oder seinen bisherigen schlechten Tag zu verändern, zu verbessern.
Das mache ich bewusst.

Wie du siehst, gibt es auch in der Interaktion mit anderen Menschen eine Menge Rituale, die man machen kann. Sie bringen Glück und Freude. Für uns und für andere.

Das mache ich täglich bewusst für mich selbst und ich gebe es weiter. Ich bin Shyney und Shyney ist Programm! Ich zeige dir, wie du das Jahrtausende alte Wissen aus Ayurveda & Yoga in deinen Alltag integrieren kannst und easy & speedy in die Umsetzung kommst.

Als Kind des Ruhrpotts bin ich zwar in Deutschland geboren und aufgewachsen, dennoch lebe ich in der deutschen und in der indischen Kultur. Durch meinen eigenen Leidensprozess mit meiner Neurodermitis habe ich nach einer Odyssee der Schulmedizin

Ayurveda für mich entdeckt und mein Leben hat sich komplett verändert. Als Kind begann ich somit bereits mit meinen Aus- und Weiterbildungen in Indien für Ayurveda und Yoga. Mein Wissen konnte ich später in meiner Heilpraktiker-Praxis und in meinen Coachings weitergeben und bin sehr dankbar, wieviel ich bei den Menschen bewegen durfte. Mehr über mich erfährst du unter www.ojas-vitality.com

Wenn ich Glück und Freude für andere bringe, bringt es am Ende auch mir Freude. So haben wir alle etwas davon.

Doch wenn ich gebe, dann von Herzen und ohne Hintergedanken. Ich helfe anderen also nicht, damit es mir besser geht, sondern weil ich ihnen eine Hilfe sein will.

Wenn jemand sein Glück, seine Freude und seinen Stolz mit mir teilt, dann bin ich voller Freude dabei und kann auch das Glück spüren. Glück ist so vielschichtig, so gemeinsam. Ich muss nicht nur mein eigenes Glück im Blick haben, um glücklich zu sein.

Die Rituale, die ich lebe und die ich weitergebe, bringen Glück. Und machen glücklich. Easy & speedy kann man sie in den Alltag integrieren, um inne zu halten und Kraft zu tanken.

Willst du glücklich sein und Glück empfinden? Dann gib deinem Glück ein wenig Zeit und Raum, um leben zu können. Ein paar Atemzüge lang. Ganz bewusst kannst du das Glück zu dir einladen.

Zeig deinem Glück, dass es willkommen ist und nicht, dass du zu beschäftigt bist, hinzuschauen oder die Tür zu öffnen!

Finde deinen Konstitutionstypen heraus und etabliere die Glücksrituale, die deiner Natur entsprechen. Finde mit Ayurveda, Yoga & Happiness zu dir selbst und zu deinem Glück!

Shyney up your life!

SHINEY VALLOMTHARAYIL

Foto: Shyney Vallomtharayil

Ich bin Shyney, und Shyney ist Programm! Ich zeige dir, wie du das Jahrtausende alte Wissen aus Ayurveda & Yoga in deinen modernen Alltag easy & speedy integrieren kannst, ohne eine Wissenschaft daraus zu machen. Dazu musst du weder athletisch noch asketisch sein – einfach nur du!

Ayurveda, Yoga & Happiness begeistern mich nicht einfach nur, sondern ich lebe es, ich brenne dafür.

Meine Überzeugung stammt aus meiner eigenen Erfahrung. Meiner Leidensgeschichte, denn als Kind erhielt ich die Diagnose Neurodermitis. Eine Odyssee der Schulmedizin und der Alternativmedizin begann. Ein normales Leben war nicht möglich. Stattdessen kämpfte ich gegen Schmerzen, lag immer wieder teils monatelang in Krankenhäusern. Ich wurde mit Cortison und Antibiotika vollgepumpt. Mein Zustand verschlimmerte sich. Allergien, Lebensmittel-unverträglichkeiten, Heuschnupfen und allergisches Asthma kamen hinzu.

Bis ich dann auf Rat der Verwandten nach Indien flog und meine erste Ayurveda-Kur machte. Nach ein paar Tagen spürte ich bereits Verbesserung. Ayurveda war ein komplett anderes System, als ich bis dahin kannte. Ich wollte verstehen, was da mit meinem Leben geschah, so begann ich bereits als Kind, Ayurveda in Indien, an der Quelle, zu lernen. Später kam Yoga hinzu. Die meisten Aus- und Weiterbildungen habe ich in Indien absolviert.

Parallel habe ich in Deutschland die Ausbildung zur Bankkauffrau und zur Heilpraktikerin absolviert und führte später meine eigene Praxis. Online und offline bin ich seither als Ayurveda-Gesundheitsberaterin, Yoga Lehrerin, Entspannungs-Coach und Bildungswissenschaftlerin tätig.

Ich darf meine Leidenschaft als Beruf ausführen und meine Kunden in 1:1 Coachings, auf Ayurveda und Yoga-Reisen (nach Lanzarote, Indien und Madeira) oder in meinem Membership begleiten. Wie immer geht es dabei rund um Ayurveda, Yoga & Happiness.

Ich bringe das Innerste zum Strahlen: Shyney up your life!

In meiner Praxis und in meinen Coachings lief mir das Thema Glück(srituale) immer wieder über den Weg. So musste ich leider feststellen, dass sehr viele Menschen den Zugang zu sich selbst, zur Selbstliebe und zum eigenen Glück verloren haben.

Sie spüren, dass es sie krank macht, und beginnen die Suche, meist im Außen. Doch dort werden sie es nicht finden können. Das Glück zu finden geht immer über den Weg, sich selbst zu finden. Und das geschieht im Innen, nicht im Außen.

Auch ich selbst bin diesen Weg gegangen. Aus meiner Krankheit heraus fand ich durch Ayurveda, Yoga & Happiness erst zu mir selbst und dann zu meinem eigenen Glück.

Aus diesem Grund möchte ich hier in diesem Kapitel gern Glücksrituale aus der Sicht von Ayurveda & Yoga beleuchten. Denn mit Ayurveda, Yoga & Happiness kann man easy & speedy zum eigenen Glück finden. Mit sich selbst und in Interaktion mit anderen Menschen.

www.ojas-vitality.com
www.facebook.com/ojasvitalitycom

Erleuchtung

Ich suchte nach dem Sinn und Zweck
dieses Heftes vor mir,
Erwachet!
schrie es mich an.
Aktiviert wie ich
nun war, kam er mir endlich –
ich schlug eine Fliege
damit tot.

Christin Kunze (17 Jahre)

Sei maximal glücklich, doch nie zufrieden

Simone FIrlej

Wie du dauerhaft Glück in dein Leben einlädst und wieso es dafür viel fröhliche Veränderung von dir braucht. Das Leben ist einfach einfach, lass uns glücklich sein.

Sei maximal glücklich, doch niemals zufrieden…

Hey, was eine Überschrift, oder? Als dieser Satz das erstmal in meinem Kopf kam, war ich echt nicht begeistert.

Mhm, wie oft streben wir doch nach Ruhe und Zufriedenheit. Und wie oft empfinden wir doch eher die Frustration über bestimmte Situationen? Wenn mich jemand früher gefragt hat, was macht dich glücklich, war ich sofort ruhig. Ich forschte in mir, gab es das überhaupt, glücklich sein?

Es gibt doch viel zu viel zu tun, das mit dem Glücklich sein verschiebe ich dann auf irgendwann. Erst wenn ich noch perfekter, noch schlanker, noch mehr Wissen habe, dann bin ich glücklich. Doch wie soll das gehen, denn Glück kann ich doch gar nicht messen.

Wie oft hängst du dein Glück an äußere Faktoren?

Wenn ich mehr Geld habe, dann mache ich die Reise und dann bin ich glücklich. Wenn ich endlich den Partner habe, dann werde ich glücklich sein.

Das ist so wie der Esel mit der Karotte vor der Nase.

Kennst du nicht? Du läufst dein Leben lang dieser Karotte, die eine Handbreit vor deinem Gesicht baumelt, hinterher und wirst sie niemals erreichen. Denn wenn du im „wenn-dann" Modus lebst, wirst du einfach nur durch die Gegend laufen, dir ein Drama und die nächste Krise kreieren, damit du wenigstens etwas fühlst, auch wenn es nicht unbedingt Glück ist.

Gefühle sind eh sehr flüchtig. Wusstest du, dass ein Gefühl nur 90 Sekunden braucht, um durch den Körper zu fließen. Was machen wir oft? – wir fangen an zu analysieren, warum wir dies oder jenes fühlen. Wir bewerten die Gefühle und teilen sie ein in gut und schlecht. Ich mag es mit Worten zu spielen, wenn du Wut nimmst und das W drehst, hast du Mut. Alles, was wir als Gefühle wahrnehmen, ist im Endeffekt antrainiert. Bei echter Gefahr reagiert dein Körper und du rennst los. Doch heute ist eine echte Gefahr eher selten und doch halten wir oft unsere Körper künstlich in diesem Alarmmodus. Statt einfach nur zu beobachten: Ah, gerade fühle ich mich so, ah, gerade fühle ich das, interessant. Es gibt dann nichts zu tun, außer zu fühlen und wie du jetzt weißt, ist es in 90 Sekunden durchgelaufen.

Ich unterstütze schon seit 30 Jahren Unternehmerinnen, die sich ihr Business so aufbauen wollen, wie es ihrem inneren Wesenskern entspricht. Wir arbeiten von innen nach außen. Gehen ganz in die Tiefe, damit sie eine gute Basis, gute Wurzeln haben, damit die Baumkrone umso schöner blühen kann. Dabei merken sie ganz klar, dass viele Gefühle gar nicht ihre sind, sie sie einfach so übernommen haben. Auch das ein gewisses Leiden gesellschaftlich anerkannt ist. Meine Klientinnen halten sich daher oft zurück, denn es ist schon suspekt, jeden Tag glücklich bist. Zu oft wird dir gesagt, du seist nicht normal. Doch ist es normal, Dramen und Krisen zu inszenieren, um sich zu entwickeln?

Geht es nicht auch in Freude und absoluter Glückseligkeit? Die Antwort ist: „Jaaaaa!!!!“ Das geht, völlig legal und drogenfrei.

Hast du Lust auf ein Spiel, jetzt und hier? Dann schnapp dir ein Blatt Papier und schreibe oben die Frage als Überschrift: „Was macht mich glücklich?“ Leg einfach los, es ist alles erlaubt. Es gibt keine Limits und keine Regeln. Lass es einfach raus. Ich habe die Erfahrung gemacht, dass es so richtig gut wird, wenn du einfach 3 Seiten schreibst und einfach kommen lässt, was kommen will. Denn dann schaltet sich der Kopf aus und es kommen Dinge aufs Papier, die du nicht „erdenken“ kannst. Probiere es aus, auch wenn dein Kopf dir sagt, das bringt bei mir nichts. Der Geist bleibt am liebsten im Gewohnten, er mag keine große Veränderung. Doch weißt du, Glück kannst du üben.

Was wir doch alle eher gelernt haben, sind Angst und Zweifel, nicht gut genug sein, und, dass Glück uns zufällt, wir das aber nicht in der Hand haben. Das stimmt so ganz und gar nicht.

Als meine Tochter noch klein war, da war sie echt angstfrei. Ich war so eine richtige Ökomutti, mit Stoffwindeln, lange stillen, im Wald sein, Tragetuch. Natürlich wurde ich belächelt und dazu noch eine Hausgeburt. Doch ich fühlte mich da das erste Mal so richtig, richtig glücklich. Ich traf die Entscheidungen und es war toll. Sie liebte es zu klettern und wenn sie oben angekommen war, sprang sie von oben runter in meine Arme. Ich fand das so genial, welches Vertrauen sie einfach hatte.

Ihr Opa stand daneben und meinte, du musst ihr Angst machen, so geht das doch nicht, was da alles passieren kann. „Sie muss Angst lernen." Ich war ganz irritiert und meinte, das lernt sie noch früh genug. Als sie größer wurde, sagte ich ihr, dass ich sie nun nicht mehr fangen kann. Das war für sie auch in Ordnung und nun fangen wir neue Dinge.

Da habe ich das erste Mal selber gemerkt, dass Gefühle antrainiert sind und später immer eine Entscheidung sind. Du entscheidest, wie du dich fühlst. Ja, das ist so. Kein Mensch und keine andere Macht entscheiden darüber, wie du dich fühlst. Deshalb kannst du auch in einem Glückseligkeitstaumel durch dein Leben gehen. Du entscheidest.

Ich finde das einerseits super und auf der anderen Seite, ist es auch so, dass du damit wirklich in deine volle Eigenverantwortung gehst. Davor sträuben sich viele

Menschen. Sie kümmern sich lieber um andere, sagen sich, ich kann ja nicht, weil mein Partner, meine Kinder, meine Eltern… Was würden die dann sagen, was würden die dann denken? Ganz ehrlich? Sie sind so mit ihrem eigenen Leben beschäftigt. Nun stell dir vor, jeder kümmert sich um sich, dann ist für alle gesorgt.

Hast du deine Glücksliste fertig? Super, jetzt kannst du mit einem deiner Glückswünsche zu deinem Partner gehen und ihm bitten dir dabei zu helfen ihn zu erfüllen. Dann fragst du ihn, was ihn glücklich macht und tust das Gleiche für ihn. Jeder erfüllt dem anderen, einen seiner Wünsche. Schaue einfach, was passiert. Du weißt doch, geteiltes Glück ist doppeltes Glück. Das geht natürlich in jeder Beziehung – Freunde, Eltern, Kinder.

Gerade als ich diese Zeilen für dich schreibe, bekomme ich ein Feedback von einer Kundin, dass es richtig gut in ihrem Leben läuft. Sie ist so mega glücklich mit unserem Mentoring und meinem Buch, dass sie endlich diesen Monat noch Geld am Ende des Monats auf dem Konto hat. Auch dass es privat wieder viel, viel besser läuft und sie weiter den Weg des Glücks geht.

Du siehst, was gute Entscheidungen bewirken. Glück, Freiheit, Freude, Leichtigkeit gehen Hand in Hand und du darfst echt in jeder Minute entscheiden. Hast du einen Job, der dich nicht erfüllt? Triff eine klare Entscheidung. Hast du eine Beziehung, die dich nicht erfüllt? Triff eine klare Entscheidung.

Oft kommen die Menschen zu mir, ach, ich würde ja so gerne, ach, du hast es gut, du bist so frei. Doch auch das alles hat seinen Preis. Ich nehme mir die Zeit und stelle mir dann wahrhaftig die Frage: „Was macht mich glücklich?" Und dann handle ich danach. Im Moment liebe ich es, im warmen Meerwasser mich von den Wellen tragen zu lassen.

Erlaube dir auch, dass es sich verändern darf. Was dich jetzt gerade glücklich macht, kann morgen schon wieder anders sein. Mir wurde früher oft gesagt, ich sei immer so emotional und so hin und her. Weißt du, woher das kommt? Wenn du das Gefühl hast, du musst die Erwartungen anderer erfüllen und dabei dich ständig selbst übergehst. Heute frage ich mich, will ich das jetzt? Auch da erlaube ich mir ein klares „Ja" oder „Nein".

Du merkst schon, wenn du wirklich dauerhaft glücklich sein möchtest, braucht es einen wachen Geist, eine gute Intuition und dazu noch Mut zur Tat. Weißt du, dass dir oft dein eigener Geist ein Strich durch die Rechnung macht? Er ist deine größte Komfortzone und er liebt es, einfach so auf Standby herum zu dümpeln. Ich vergleiche unseren Geist mit einem großen Apothekerschrank. Kennst du so einen Schrank? Er hat Hunderte von kleinen Schubladen und in jeder steckt eine Erfahrung aus der Vergangenheit. Jetzt kommst du in eine Situation in deinem Leben und schwupp sucht dein Geist in diesem Schrank nach einer ähnlichen Situation, die er in der Vergangenheit erlebt hat.

Das ist genau der Moment, wo du nicht mehr wach bist, wo du nur doch reagierst. Du gibst die Macht ab und es fühlt sich an wie „Und täglich grüßt das Murmeltier“. Übrigens ein genialer Film.

Doch nun zurück zu unserem Geist. Dadurch, dass er am liebsten nur alte Gewohnheiten und Gedanken recycelt, fällt es dir am Anfang schwerer, wenn du eine Gewohnheit ändern willst. Stelle dir vor, du hast dir über Jahre oder Jahrzehnte etwas antrainiert, das läuft automatisch. Wie beim Autofahren, da überlegst du auch nicht mehr, wann du wie den Gang einlegst. Das läuft unterbewusst und genauso ist es im Gehirn.

Es ist so viel bequemer, in seinen alten Gedankenmustern hängenzubleiben. Doch ich kann dir sagen, das wird dir wenig Glück bescheren. Das Leben ist ein Abenteuer und sollte auch zu 100% so gelebt werden.

Ich hatte ein Gespräch mit einem Menschen in meinem Alter (50 Jahre) und er erzählte mir, dass er sich jetzt ein altersgerechtes Haus bauen lässt. Er fragte mich dann, was ich denn so machen würde. Ich sagte ihm: „Ich wandere aus und lebe dann am Meer.“ Er daraufhin: „Was, und das in deinem Alter?“

Du siehst, jeder hat eine andere Sicht auf die Dinge. Doch ich sehe oft, dass die meisten Menschen, ja sogar 97% von ihnen, so in ihren Gewohnheiten von Leid, Drama und Krise gefangen sind und oft nicht glauben, dass sie eine andere Möglichkeit haben. Dass sie es einfach entscheiden können.

So ist es auch bei dir. Die Glücksliste kann dich super genial unterstützen, damit du wieder anfängst Glück zu fühlen. Die nächste Stufe für dich ist, jeden Tag bewusst zu entscheiden, maximal glücklich zu sein.

Na, was plappert dein Kopf jetzt dazu? Nimm auch das einfach als Spiel, als ein Abenteuer. Du kannst deinen Geist mitnehmen und ihm sagen „Hey, wir machen das jetzt einfach für die nächsten 4 Wochen und wenn das nichts bringt, machen wir es wie vorher." So hast du nichts zu verlieren. Du wirst sehen, es bringt wirklich viel Freude und Leichtigkeit in dein Leben.

Oft glauben wir auch, es müsste kompliziert sein oder wir brauchen besondere Rituale, Loslassen-Gedöns oder sonst irgendwas. Ich liebe es stattdessen einfach. Ich mag es, bei meinen Teilnehmern neue Verknüpfungen der Synapsen zu erschaffen. Wir bekämpfen nichts oder wollen irgendetwas weghaben.

Wir alle haben unsere Neurosen, was soll's. Was passiert, wenn du dich genau dort hinein entspannst und dir erlaubst, sie einfach da sein zu lassen. Mich entspannt das total und oft sehe ich mich dann selber und fange an zu lachen. Zu sehen, was mein Geist für Verwirrungen gebaut hat, nur um mich im Alten zu halten.

Unser Geist will uns im Endeffekt nur beschützen, er bemüht sich um Sicherheit und will uns vor neuen Verletzungen schützen, aber auch vor neuen Erfahrungen. Er ist ein wenig rechthaberisch. Kennst du das, wenn du was Neues tust und es noch nicht so optimal ist? Meiner sagte dann, „Habe ich dir gleich gesagt, lass es." Doch was soll ich dir sagen. Ich bin auch hartnäckig, wenn ich mir etwas vorgenommen habe. Ich will einfach maximal glücklich sein in meinem Leben und da bleibe ich dran, egal was ist.

Wenn es dann mal ruckelt, dann sei dir gewiss, das Leben hebt dich auf eine ganz neue Ebene. Sei total liebevoll mit dir, wenn deine alten Gewohnheiten mal wieder zuschlagen. Ich selber habe die beste Erfahrung mit Mentoring gemacht. Nicht, weil ich es brauche oder etwas an mir verändern will, nein einfach, weil es mich glücklich macht. Ich liebe es, mit Menschen zu sein und mag es total, ein Feld mit meinen Teilnehmern zu kreieren, in dem es einfach leicht und frei ist. Wo jeder sein Ding macht und seinen Wesenskern leben darf. Das ist auch ein großer Teil, der mich sehr glücklich macht. Auch, dass ich in jedes Mentoring investiere, einfach so aus Lust. Das löst auch ein Kribbel-Krabbel-Glücksgefühl aus. Dazu noch absolut frei mit Geld zu sein, ohne darauf zu achten, wieviel ich ausgebe, weil ich weiß, es ist immer mehr als genug Geld vorhanden. So kannst du auch mega viel Glück verschenken.

Probiere dich aus, du hast jetzt hier einige Tipps erhalten und ich finde es wichtig, einfach mal mit einem anzufangen.

Glücksliste erstellen und diese dann für 4 Wochen testen. Jeden Tag eine Sache von dieser Liste tun.

Es können wirklich ganz einfache Dinge sein:

- Dein Lieblingstee
- Dein Lieblingsbuch in einem Café lesen
- Ein Tag im Spa
- Einen Menschen anlächeln…

Wenn du spürst, dass du bereit bist für den nächsten Schritt, dann sage dir, noch bevor du aus dem Bett steigst: „Ich entscheide mich heute, maximal glücklich zu sein.“ Steigt über Tag ein unangenehmes Gefühl auf, denn entscheide dich wieder für dein Glücksgefühl.

Am Anfang kann sich das ungewohnt und komisch anfühlen und manchmal auch unwirklich. Ich habe lange den Sinn von Affirmationen nicht verstanden und doch waren sie eine Zeitlang eine neue Brücke für mich in neue Gewohnheiten. Doch wie du jetzt weißt, liebe ich es einfach. So entscheide ich mich für das, was einfach und gut ist.

Ich freue mich, wenn du mir ein Feedback schickst, nachdem du es ausprobiert hast. Meine Email findest du hier in meinen Kontaktdaten.

Denke immer daran, alles. was du glaubst ist deine Wahrheit. So ist das auch mit dem Glück. Auf jeden Fall wünsch ich dir von Herzen maximales Glück.

In Verbundenheit
Simone

SIMONE FIRLEJ

Foto: Simone Firlej

Simone Firlej ist seit 28 Jahren Unternehmerin und hat an vielen anderen Unternehmen im Aufbau mitgewirkt. Dabei hat sie immer wieder den Gefühlsaspekt mit in ihrem Businessaufbau integriert. Denn wir sind alle Fühlwesen und brauchen eine sinnesfüllende Arbeit, die uns ein gutes Gefühl vermittelt. Jeder Mensch hat seine Bestimmung, seine BeRUFung und die gilt es, in ein grandioses Businessmodel zu verwandeln.

Dabei ist es Simone Firlej sehr wichtig, dass ihre Teilnehmer Freude, Leichtigkeit und Freiheit empfinden. Dass sie bereit sind, mit dem was sie sind, erfolgreich zu werden. „Meine Leidenschaft ist dein Erfolg und ich will, dass jeder Mensch persönlich und finanziell frei ist. Dafür stehe ich.“

www.simonefirlej.com
hallo@simonefirlej.com

www.facebook.com/groups/483413402060718

from locking doors

you close a door
to prevent people from coming in
but actually, you lock yourself from
coming out

the question is what is more important

Christin Kunze (17 Jahre)

Lade mehr magische Momente in dein Leben ein

Tanja Hug

Was, wenn die Antworten auf unsere drängendsten Lebensfragen nicht im Außen liegen, sondern in uns selbst? Manchmal findet man das selbst heraus, manchmal braucht es einen Erleuchteten aus Indien dazu. Was es damit auf sich hat und wie leicht Glück sein darf, ich verrate es dir gleich. Außerdem möchte ich dich einladen, die Tür zu mehr magischen Momenten in deinem Alltag zu öffnen und teile meine besten Glücksgewohnheiten mit dir.

Vor einigen Jahren saß ich am Strand in Südindien, habe vor mich hingeträumt, den sanften Wellen des Meers gelauscht und kleinen indischen Mädchen beim Spielen zugeschaut.

Die Mädchen waren so voller Freude und Leichtigkeit, haben gelacht, gegiggelt und mit den Wellen Fangen gespielt. Sie waren ganz da und präsent in ihrem Sein und Tun. Das war so spürbar für mich, ich konnte einfach nur fasziniert zuschauen und hätte am liebsten mitgespielt. Zwischendurch sind ein paar Glückstränchen gekullert, weil dieses pure Präsent-Sein so viel geöffnet hat. In mir war plötzlich so viel Dankbarkeit und Verletzlichkeit, die einfach nur wunderschön und erfüllend war.

Eines dieser Mädchen trug ein Shirt mit der Aufschrift «Be happy for this moment. This moment is your life». Oh wow, dachte ich und ja, genau. Darum geht es doch. Jeden Moment Glück zu wählen und dabei ganz präsent zu sein. Für einen Moment glücklich zu sein, ist auch ziemlich leicht. Ist ja «nur» ein Moment. Im Rückblick ist das Leben dann jedoch eine Aneinanderreihung dieser kleinen, glücklichen Momente.

Seither begleitet mich dieser Spruch durch meinen Alltag. Die Erinnerung an diese wundervollen Mädchen zaubert auch jedes Mal wieder ein Lächeln auf mein Gesicht.

Diese Reise nach Indien war irgendwie auch eine Reise zu mir selbst. Im Außen habe ich mich von Ayurveda verwöhnen und mit Yoga in Bewegung und Einklang gebracht. Im Inneren liefen sehr intensive Prozesse ab, die mich mehr als nur einmal nach Luft schnappen ließen, an meine Grenzen und über meine Komfortzone hinausbefördert haben. Mehr als einmal wollte ich flüchten. Einfach weg von dem, was sich da zeigen wollte. Die Frage war nur, wohin? Vor einigen Jahren hatte ich auf einer längeren Australien-Reise schon mal erlebt, dass das mit dem Flüchten nicht so einfach funktioniert. Auch wenn ich um die halbe Welt reise, wie das bei Down Under der Fall war, ich nehme mich selbst immer mit. Damals bin ich irgendwann in die Ablenkungen meines normalen Alltags zurück geflüchtet und es hat mich ziemlich unzufrieden gemacht im Nachhinein, weil etwas einfach noch nicht zu Ende gebracht war. Vor mir selbst davonlaufen ging also schon mal nicht. Soviel war dann wohl klar. Was blieb also? Nur der Sprung – mitten hinein in diese intensiven Prozesse. Anschauen, aushalten, anerkennen, was da so ist und mich selbst immer besser kennen lernen. Ich habe mir jede Menge Zeit genommen für mich selbst, für meine Tränen, für meine Träume, für meine Freude, für meine großen und kleinen Erkenntnisse.

Das faszinierende ist, wenn alles sein darf, passieren plötzlich magische Dinge. Genau so war es dann auch. Die Zeit in Indien war für mich magisch, intensiv und ich habe mich selbst so klar gespürt und wahrgenommen, wie noch niemals zuvor. Den einen oder anderen Special Effect wollte ich natürlich nicht sehen und anerkennen, doch was will man machen, er ist halt nun mal da und gehört zu meinem wundervollen Wesen mit dazu.

Ein spannendes, magisches und nachhaltig wirkendes Erlebnis hatte ich während einer Tour, die ich gebucht hatte. Mein Guide hatte mich zu einem Erleuchteten geführt, der in einer Höhle lebte und seine Weisheiten mit Touristen teilte. Also zum Beispiel mit mir. Wir saßen vor der Höhle und ich hatte einen ganzen Fragenkatalog zusammengestellt. Macht man ja schließlich so, wenn man schon mal so eine

Möglichkeit bekommt und als kleiner Kontrollfreak auch wirklich nichts vergessen will. Ich weiß noch, wie ich meine erste Frage gestellt und die Antwort bekommen habe: Es liegt alles in dir. Bei Frage 2 und 3 die gleiche Antwort. Natürlich hatte er es auch noch ein bisschen hübscher ausgeschmückt, doch letztendlich ging es immer darum. Egal, welche Antwort ich suche – sie liegt in mir. Puh, wie unbefriedigend. Ich wollte doch von ihm Antworten auf meine Lebensfragen bekommen. Auf den zweiten Blick das größte Geschenk, das ich je erhalten habe. Dieses Wissen hat in den folgenden Jahren zu so viel Freiraum und Leichtigkeit geführt, wie ich mir das damals noch gar nicht vorstellen konnte.

Magic India hat dazu geführt, dass ich irgendwie erleuchtet zurückgekommen bin, doch mein Umfeld war natürlich immer noch dasselbe. Was macht man nun, wenn man kurzzeitig denkt, die Inkarnation von Ganesha (meinem indischen Lieblingsgott) zu sein? Nun, man nervt zunächst mal alle mit den neu gewonnenen Weisheiten und steigt dann ziemlich schnell wieder in den Alltag ein. Na ja, nicht so ganz … Natürlich habe ich einiges beibehalten oder besser noch neu etabliert in meinem irgendwie neuen Leben. Glücksgewohnheiten und glückliche Rituale haben ihren festen Platz gefunden.

Natürlich bin ich auch heute nicht dauerglücklich. Auch ich habe meine Downs, meine Shitty Days, an denen ich mir am liebsten die Bettdecke über den Kopf ziehen oder in den Keller umziehen möchte, weil ich das Gefühl habe, tiefer geht's nimmer.

Der Unterschied zu früher ist, ich tauche schneller wieder auf und wähle schneller wieder Glück.

Was, wenn Glück tatsächlich nur eine Wahl ist? Aus dem Glück kann man ja eine riesengroße Wissenschaft machen und alles ganz genau durchleuchten und erklären. Man kann Gründe finden, wieso glücklich sein gerade jetzt nicht möglich ist oder wieso es sowieso vermessen ist, mehr Glück ins Leben holen zu wollen und zufrieden sein völlig ausreichend ist. Man kann das tun. Man muss es aber nicht. Dieses „muss man aber nicht" hat so viel Leichtigkeit für mich gebracht. Ich kann einfach wählen, glücklich zu sein. Völlig egal, was andere Menschen wählen, was sie tun oder sagen oder auch nicht tun oder nicht sagen. Völlig egal, was in meiner Welt oder der Welt da draußen gerade so los ist. Wie ver-rückt sie ist. Es ist immer meine Wahl, was ich daraus mache.

Wenn ich mal wieder im Mind Fuck feststecke, mein Kopf Gedankenkarussell fährt – inklusive Loopings und Über-Kopf-Fahren und ich alles zerdenke, dann bewege ich zuerst meinen Körper (hüpfe, tanze, renne), um die ganzen fest sitzenden Moleküle wieder ins Fließen zu bringen und mache mir dann bewusst, dass ich die Wahl habe. Hey, ich muss hier nicht mit mieser Laune festhängen, ich kann meinen Fokus auch wieder aufs Glücklichsein richten. Ich kann die Nerv-Dinge loslassen und mein inneres Spotlight auf die vielen tollen Dinge in meinem Leben richten. Die es zweifellos gibt. Ich beweise mir das dann selbst auch immer, indem ich diese Dinge ganz bewusst aufzähle. Das können Kleinigkeiten sein, wie die Sonnenstrahlen auf der Haut, der Duft der Bäume im Wald, meine

Lieblingsdinge, die mich zum Lächeln bringen, die Happy Cards, die an VIP-Plätzen in meinem Zuhause hängen und mich täglich aufs Neue inspirieren, eine liebevolle Umarmung von einem Lieblingsmenschen, das Lächeln eines Fremden …

Seit vielen Jahren beschäftige ich mich schon mit Energiemethoden. Zu Anfang eher versteckt. Schließlich komme ich aus einem bodenständigen Elternhaus und einer badischen Kleinstadt, in der solche Dinge wie Spiritualität, Bewusstsein und Energie eher als Firlefanz abgetan werden. Doch die Welt hat sich verändert und ich habe seit meinen Indien-Erlebnissen definitiv mehr Vertrauen in mich gewonnen und mehr Mut, das was ich weiß, auch wirklich zu leben und in die Welt zu bringen.

Seit meiner Feng Shui-Ausbildung und dem Einzug von Feng Shui in mein Zuhause (nein, das sind definitiv keine Windspiele, Drachen oder Flöten) habe ich regelrecht gespürt, wie sehr meine inneren und äußeren Räume und überhaupt meine ganzen Lebensthemen mit meinem vier Wänden verknüpft sind. Hach, und wie unwahrscheinlich gut es tut, immer wieder auszumisten und loszulassen, was nicht mehr zu mir und meinem Leben passt. Wie kann auch großartiges Neues ins Leben kommen, wenn die Türen blockiert sind mit altem Krempel? Und wusstest du, dass auch Dinge ein (unsichtbares) Haltbarkeitsdatum haben? Irgendwann ist ihre Zeit einfach abgelaufen und dann ist es an der Zeit, ihren Auszug in die Wege zu leiten und Platz zu machen für neue Dinge, Ideen, Projekte. CQM und kürzlich Access Consciousness haben dann dafür gesorgt, dass ich immer bewusster mit Energien war und immer mehr davon in meine inneren und äußeren Räume eingeladen habe.

Freundlicherweise sind sie auch meiner Einladung gefolgt – und haben wiederum ganz neue Räume für mich geöffnet.

Falls du auch Lust hast, neue Glücksgewohnheiten und glückliche Rituale bei dir einziehen zu lassen, dann hier mein Best of. Das funktioniert alles übrigens nur, wenn du es auch tatsächlich regelmäßig tust. Ich sage das, weil ich es aus eigener Erfahrung kenne. Wenn neue Tools in mein Leben treten, bin ich ungefähr 1,5 Tage komplett begeistert und setze sie ein. Danach verpuffen sie wieder. Doch das zeigt natürlich keine Wirkung und hilft dir nicht, aus deinem Glück eine Gewohnheit zu machen.

Meine Top 5 Glücksgewohnheiten & glückliche Rituale

Go with the flow – folge deiner Energie und Leichtigkeit ist so ein Tool, das ich inzwischen täglich praktiziere. Ich habe jahrelang diverse Zeitmanagement-Methoden ausprobiert und bin immer frustrierter geworden, weil das nur zeitweise funktioniert hat. Nach einer gewissen Zeit kam immer der Punkt, an dem es einfach nicht mehr gefluppt hat. Ich habe mich täglich mehr genervt und die Dinge, die ich tun wollte/sollte/musste, einfach nicht mehr erledigt bekommen. Heute gehe ich anders vor … ich folge meiner Energie und ich folge der Leichtigkeit.

Das bedeutet übrigens nicht, dass ich unangenehme Dinge nicht mehr tue (schön wär's, doch so funktioniert es nicht). Es bedeutet, dass ich wahrnehme, wo gerade besonders viel leichte Energie ist und das mache ich dann zuerst, ich folge meinem Impuls. Also nix mehr «Eat the frog» am Morgen, sondern «Magic flow» sind angesagt. Das hat drei ganz große Vorteile: Die Dinge erledigen sich leichter, es macht so viel mehr Spaß & jede Menge Magie kommt mit ins Spiel.

Natürlich lade ich auch immer meine vier Wände ein, mich bei meinen Vorhaben tatkräftig zu unterstützen. Mein **Vision Board & Happy Cards an VIP-Logen-Plätzen** sind ein fester Bestandteil meiner Räume. Jedes Mal, wenn ich daran vorbei gehe, einen Blick darauf werfe, verbinde ich mich mit dieser pulsierenden Energie, die meine Wünsche, Träume & Ziele auf mich ausüben. Das hat den magischen Effekt, dass sie dadurch immer realer werden, weil sie so präsent sind. Natürlich gehe ich ihnen auch täglich Schritt für Schritt entgegen, *take inspired action* ist das Stichwort. Ich frage: Welcher Schritt steht als nächstes an? Wenn ich ihn gegangen bin, frage ich wieder – und jetzt und jetzt und jetzt.

Seit ich denken kann – und das ist jetzt doch schon einige Jährchen – bin ich eine Glücksmomente-Sammlerin. **Glücksmomente zu sammeln** ist eine wunderbare Sache, die dazu führt, dass immer noch mehr Glücksmomente in mein Leben kommen. Und du weißt ja: be happy for this moment. This moment is your life. Eine Zeitlang habe ich meine Glücksmomente in einem schönen Notizbuch aufgeschrieben, ähnlich der Dankbarkeitsliste. Seit Januar schreibe ich sie auf ein Zettelchen und werfe sie in mein Happy Moments-Glas, das auf dem Sideboard im Wohnzimmer steht. Ich weiß schon, wie glücklich es mich am Ende des Jahres machen wird, nochmals alle Glücksmomente gesammelt wieder zu erleben. Und so dankbar zu sein für alles, was ich erleben durfte.

Ich wähle Glück – in jedem Moment. Wie oben schon beschrieben, wähle ich immer mehr davon und kann so aus jedem Moment das für mich Beste herausholen. Ganz egal, wie sich dieser Moment gerade präsentiert. Ein bisschen Glück ist einfach immer mit dabei, wenn ich den Fokus darauf richte.

Ach ja, und last but not least – diese beiden Tools sind vor allem für uns Frauen Gold wert. Unbedingt in dieser Kombination anwenden, weil sie so besonders wirkungsvoll sind. Tadaaa, das sind: **Anerkennen & Erfolge feiern**. Das mit dem Anerkennen habe ich viele Jahre vernachlässigt. Irgendwie war immer alles selbstverständlich. Ich habe mich weder für das anerkannt, was ich getan habe, noch für mein Sein – war ja alles ganz normal und nix Besonderes. Erfolge gefeiert habe ich sowieso nicht, sondern bin gleich wieder zur nächsten Herausforderung gehetzt. Kennst du diesen Spruch auch noch: Eigenlob stinkt? Das hat mich jahrelang maßgeblich geprägt und ich fand es immer ziemlich vermessen, wenn andere sich selbst gelobt und auf die Schulter geklopft haben. Inzwischen feiere ich diese wundervollen Menschen, die erkannt haben, wie wichtig und richtig es ist, sich selbst anzuerkennen und sich für die kleinen und großen Erfolge zu feiern. Dazu möchte ich dich jetzt auch einladen. Erkenne jetzt an, was du bist und tust – am besten schreibst du es sogar auf, weil du ansonsten bestimmt die Hälfte unterschlägst und es in 5 Minuten wieder vergessen hast. Und dann öffne eine Pulle Schampus (oder etwas anderes, was du gerne magst) und stoße mit dir selbst, deinem wundervollen Wesen, auf dich selbst und dein Sein an. Du bist wundervoll – die Welt wartet nur darauf, dass du das auch anerkennst und siehst. Ich kann dir versichern, die Welt braucht dich jetzt.

Mache diese Übungen (oder eine davon) mindestens 21 Tage lang. Schlaue Köpfe haben nämlich herausgefunden, dass es ungefähr so lange dauert, um eine neue richtig gute Glücksgewohnheit zu etablieren. Lasse dir das also nicht entgehen.

Ich wünsche mir für dich, dass du immer mehr zur besten Happy you-Version wirst, die du sein kannst und dein Leben genauso so lebst, wie es für dich am allerbesten ist.

Wenn du Lust bekommen hast, mit mir gemeinsam neue Türen zu öffnen oder mir einfach Hallo sagen möchtest, dann freue ich mich riesig auf dich. Du kannst mir einfach eine Mail schreiben tanja@mrs-happy.net oder mich in meinem virtuellen Zuhause besuchen – die Tür steht immer offen für dich mrs-happy.net

Wo & wann auch immer wir uns wieder begegnen, ich kann es kaum erwarten, dich persönlich kennen zu lernen.

Jede Menge happy moments für dich,

deine Tanja

TANJA HUG

Foto: Claudia Larsen

Get happy & live there – die Kombination aus glücklich sein & Wohnen fand Tanja schon immer unwiderstehlich.

Als Glücksmomente-Sammlerin & Glücks-Geliebte hat sie unzählige Bücher rund ums Glück gelesen, Seminare besucht und jede Menge Glücksforschung im Selbst-Test gemacht. Der Film «What the bleep do we know» hat dazu geführt, dass die Energie-Methode CQM in ihr Leben getreten ist und plötzlich nichts mehr so war wie zuvor. Veränderung darf ganz leicht gehen, quasi mit einem Fingerschnipsen. Kurz darauf zog dann Feng Shui in ihre Räume ein und die Ausbildung führte zu unzähligen Pling-Momenten. What? Die Räume, in denen wir leben und die einzelnen Lebensbereiche haben wirklich etwas miteinander zu tun. Echt jetzt? Und auf der Energie-Karte des Zuhauses sieht man ziemlich genau, was da so los ist – und vor allem gibt es Möglichkeiten, wie man leicht etwas verändern kann. Großartig!

Ja, für sie war das alles ziemlich schnell klar.

Doch wenn man sehr bodenständig & kopfbetont in einer badischen Kleinstadt aufwächst, ist es zunächst einmal nicht so leicht, mit solch neuen Ideen anzukommen. Energien, Bewusstsein und Spiritualität werden da gerne mal als Firlefanz abgetan. Doch inzwischen sind einige Jahre vergangen und die Welt hat sich glücklicherweise gedreht.

Kürzlich kam dann noch Access Consciousness mit seinen unzähligen Tools hinzu und hat nochmals ganz neue Räume geöffnet. Fragen zu stellen und keine Antwort zu erwarten, ist so anders. Und gleichzeitig so großartig, weil sich dadurch neue Möglichkeiten öffnen und das Universum zum Best Buddy wird. Magisch, was da plötzlich so alles passiert, wie neue Energien ins Leben fließen.

Die Energie ist ja immer da – doch viel schöner, lebendiger, glücklicher, strahlender wird es, wenn man anfängt, das Traumleben bewusst zu kreieren. Als Lifestyle-Coach und mit Online-Kursen gibt Tanja ihr Wissen weiter und trägt dazu bei, dass noch viel mehr Menschen glücklich, energievoll und mit Leichtigkeit in ihren inneren und äußeren Räumen leben. Ihre Vision ist es, unzählige Menschen mit Happy Vibes zu inspirieren und sie einzuladen die beste Happy you Version zu werden, die sie sein können.

Seit über 12 Jahren lebt Tanja in der Schweiz am Zürichsee, kommt jedoch ursprünglich aus dem badischen Elzach (in der Nähe von Freiburg) – was sich auch nicht überhören lässt. Zusammen mit Mr Happy liebt sie es, die schönsten Fleckchen dieses grandiosen Planeten zu entdecken und ist täglich dankbar dafür, dass der Lieblingsreisepartner auch der beste Lieblingsmann der Welt ist. Tanja ist vielbegabte und vielinteressierte Scannerin, was häufig dazu führt, dass der Tag einfach nicht genügend Stunden hat, um noch mehr magische Momente zu erleben.

Happy home. Happy you. Let's create it!

www.mrs-happy.net
www.facebook.com/mrshappy.tanjahug

Lade mehr magische Momente in dein Leben ein

Jewel

nomen est omen
so precious you are to me
you are the voice that whispers in my darkest hours
`girl, you know your way.´
hic iter est -
ars ludicer, cantare, scriptor esse
the flame that enlightened my fire
you showed me
a myself I never thought i would be
illa, si fas est, superare divos,
qui sedens adversus identidem te
spectat et audit
you opened the door to myself
with your powerful words
your music, so heavenly
your overwhelming creativity
YOU made all my dreams come true
for you
and with you I understand
a fear
that wouldn´t go away

in perpetuam memoriam tabulae rasae
– I fear that I am
that I always will be
a sand stone

Christin Kunze (17 Jahre)

Auf dem Weg zum eigenen Glück

Christina Scarico

Wir alle sehnen uns nach Glück und Liebe im Leben. Oft suchen wir sie vergeblich im Außen. Wie Achtsamkeit, Selbstliebe und Rituale uns auf unseren ureigenen Weg zum Glück führen und wir uns unseren Lebenskompass auf Leichtigkeit und Freude stellen, möchte ich hier mit dir teilen.

Was ist Glück eigentlich?

Glück lässt sich nicht eindeutig definieren. Was mich glücklich macht, muss für dich nicht zwingend auch Glück bedeuten. Glück ist eine sehr persönliche Wahrnehmung. Jeder Mensch empfindet etwas anderes als Glück und selbst die alten Philosophen, wie Platon oder Aristoteles, sind zu unterschiedlichen Ergebnissen gekommen. Seit Menschengedenken versuchen wir, das Glück zu finden, es zu konservieren oder zu definieren. Für mich hat Glück viel mit den eigenen Erwartungen an uns selbst und die Umwelt zu tun. Es ist ein Zustand von positiven Gefühlen, die mich Zufriedenheit spüren lassen.

Von meiner Großmutter hörte ich oft das Sprichwort: „Glück und Glas, wie leicht bricht das!“. Die Einstellung, wie schnell das Glück vergehen kann, wie fragil und zart es ist, war früher allgegenwärtig. Aber manchmal kann das Glück auch machtvoll und energiegeladen daherkommen, nämlich dann, wenn ein lang gehegter Traum in Erfüllung geht, wenn eine Prüfung bestanden wurde oder auch wenn wir gerade noch einem Unglück entgangen sind. Unser Körper wird dann mit so vielen Glücksgefühlen geflutet, dass wir tatsächlich in einen rauschartigen Zustand fallen. Und oft glauben wir, dass nur solch ein rauschartiger Zustand das Glück ausmacht. Aber unser Leben besteht nun mal nicht nur aus diesen großen Glücksmomenten und genau das lässt uns oft das kleine Glück übersehen.

Mittlerweile suche ich gar nicht mehr so sehr nach dem großen Glück, sondern sammle lieber viele kleine Glücksmomente, wie zum Beispiel meinen Kaffee morgens ungestört genießen zu können und dabei den Tag zu begrüßen, eine wunderschöne Blume am Wegesrand zu finden, die entspannende Dusche am Morgen oder Abend, ein Lächeln auf dem Gesicht eines Mitmenschen oder ein inspirierendes Gespräch am Gartenzaun. Es sind die kurzen Momente ohne Erwartungen und Pflichten, die mich aufatmen und Zufriedenheit spüren lassen. Im Laufe der Zeit habe ich gelernt, dass Glück viel mit meiner eigenen Einstellung zu tun hat. Niemand kann diesen Weg für mich einschlagen, sondern nur ich selbst kann damit anfangen, meine eigenen Glücksmomente zu finden.

Also worauf warten wir? Lassen wir die Leinen los, gehen gemeinsam auf die Reise zu uns selbst und machen daraus die Reise unseres Lebens. Ich freue mich, wenn ihr mich begleitet und eure ganz eigenen Glücksrituale findet. Bauen wir diese Glücksrituale in unseren Alltag ein, bergen wir unsere Schätze, die in uns verborgen sind, und stellen unseren Lebenskompass auf Lebensfreude und Leichtigkeit. Das Leben will mit allen Sinnen erfahren werden und der Genuss darf nicht zu kurz kommen. Volle Fahrt voraus, denn den Kurs bestimmen wir selbst.

Ein wichtiger Schlüssel, um den Kurs zu bestimmen, ist für mich die Achtsamkeit, hinzu kommen Dankbarkeit und Selbstfürsorge. Denn nur durch achtsame Beobachtung meines Selbst kann ich überhaupt verstehen, was für mich gut ist und was eben nicht. Unser Körper signalisiert uns oft ganz genau, was uns unterstützt und was wir sein lassen sollten, nur überhören wir das gelegentlich ganz gerne.

Achtsamkeit

In den letzten Jahren habe ich mich viel mit Achtsamkeit im Alltag und Meditation beschäftigt. Ich konnte dadurch vieles anders wahrnehmen. Einmal die Woche habe ich bei einer Freundin morgens in der Gruppe meditiert. Sie hat uns angeleitet, was am Anfang sehr hilfreich war, da mein Geist sich immer wieder ablenken ließ. Stück für Stück habe ich gelernt, dass bewusstes Atmen mich entspannt und meinen Geist zähmt. Allein die Aufmerksamkeit auf den Atem zu lenken, lässt mich ruhiger werden und ich spüre wie ein innerer Frieden mich erfüllt.

Mit drei Kids, einem Halbtagsjob und einem Mann, der lange arbeitet, war und ist mir nicht langweilig. Ich jongliere oft den kompletten Tag alleine. Da ich meinen Selbstwert damals (und immer mal wieder) durch übertriebenen Perfektionismus bestimmte, kam ich zusätzlich unter Druck und fühlte mich wie in einem Hamsterrad gefangen. Meine Gedanken drehten sich immer schneller und meine Gefühle fuhren Achterbahn. Es war eine nicht enden wollende Spirale aus Verpflichtungen, Verantwortung, und unausgesprochenen Erwartungen, die immer mehr Fahrt aufnahm und ich konnte wortwörtlich den Ausstieg nicht finden. Die Meditation half mir damals sehr. Ich konnte in dieser Stunde einfach bei mir sein, ich hatte für niemanden Verantwortung, außer für mich. Der Fokus lag einzig und allein auf dem Atem und ich konnte einfach so sein, wie ich bin, ohne irgendwelche vermeintlichen Anforderungen an mich. Durch die wundervolle Erfahrung der Meditation kam ich wie von selbst zum Thema Achtsamkeit und möchte sie nun in meinem Leben nicht mehr missen.

Wenn du dich jetzt fragst, was ist Achtsamkeit überhaupt, dann habe ich dir hier ein paar Worte dazu geschrieben. Achtsamkeit wird als ein Zustand von Geistesgegenwart definiert, bei dem der Mensch hellwach ist und nicht von Gedankenströmen, Phantasien, Erinnerungen oder starken Emotionen abgelenkt wird. Der Mensch bewertet in diesem Moment nichts und konzentriert sich voll auf den gegenwärtigen Moment. Mir hat das Üben dieser Praxis sehr geholfen, aus den Momenten, die mich überfordern und dann meistens Streit nach sich ziehen und damit noch mehr Stress erzeugen, auszusteigen. Aus meiner persönlichen Erfahrung heraus, kommt die Überforderung meistens daher, dass ich entweder in der Vergangenheit oder schon in der Zukunft bin, dass ich meine Erfahrungen aus der Vergangenheit in die momentane Situation hineingebe, ohne zu überlegen, ob es nicht auch einen anderen Weg gibt oder durch übertrieben hohe Anforderungen an mich selbst. Oft konnte ich auch nicht Nein sagen, obwohl mein Gefühl bereits signalisierte, dass ich diesen Termin jetzt nicht auch noch übernehmen kann. Ich wollte immer perfekt sein, habe mich für andere verbogen und vieles ermöglicht, was aber von meinem Energiekonto abging. Bewusst Grenzen zu setzen, für sich selbst zu sorgen und einzustehen, wird bei Frauen leider oft immer noch als egoistisch angesehen. Männer können das oft leichter umsetzen. Daher ist es wichtig, sich seiner eigenen Grenzen bewusst zu sein und sie freundlich zu verteidigen. Auch mit dem Gegenwind kann elegant umgegangen werden, wenn ich in Ruhe erkläre, warum ich das jetzt so mache und mich nicht mehr verbiege. Oft tut es nämlich gar nicht weh und das Gegenüber akzeptiert die gesetzte Grenze, wenn ich es objektiv und ohne Beschuldigungen erklärt habe. Und wenn es doch ruckelt und zuckelt? Dann habe ich gelernt, dies auszuhalten. Wenn man jahrelang immer verfügbar war und jetzt plötzlich sich etwa verändert, dann braucht auch die andere Person ihre Zeit, sich an die Veränderung anzupassen und zu gewöhnen. Und wenn nicht? Dann sollte ich schauen, was wichtiger ist: die Grenze oder die Person. Manchmal trennen sich hier dann Wege und manchmal findet man gemeinsam einen Kompromiss, mit dem beide Seiten leben können.

„Die Achtsamkeitspraxis verändert nicht unser Leben. Aber sie verändert die Fähigkeit unseres Herzens, es so anzunehmen, wie es ist.“ Doris Kirch

Meiner Meinung nach ist es auch wichtig, dass wir im Hier und Jetzt sind, was leichter gesagt bzw.

geschrieben ist, als getan. Oft sind wir schon drei Schritte weiter und können den Moment schon gar nicht mehr genießen oder spüren. Aber mit der Achtsamkeitspraxis an unserer Seite gelingt es uns Schritt für Schritt. Wir können versuchen, das Alltägliche aus einer anderen Perspektive zu sehen, mutig neue Wege zu gehen und Selbstverständliches wieder neugierig zu betrachten. Alleine schon die Augen zu schließen, den geliebten Kaffee oder Tee erst einmal zu riechen, die Tasse, aus der wir trinken, zu fühlen, uns darauf zu konzentrieren, mit all unseren Sinnen den Moment zu erforschen und im besten Falle zu genießen, macht einen enormen Unterschied. Du kannst selbstverständlich den Kaffee oder Tee gegen Getränke deiner Wahl austauschen.

Es gibt hierzu auch eine schöne Übung aus der Achtsamkeitspraxis mit einer Rosine. Achtsam zu essen ist gar nicht mehr so einfach und selbstverständlich in unserer modernen Welt. Wir werden von so vielen äußeren und inneren Faktoren abgelenkt, dass wir uns oft nicht mehr nur auf eine einzige Tätigkeit konzentrieren können. Sei es durch das Handy, das uns überall erreichbar sein lässt, die Sorgen und Gedanken, die uns manchmal scheinbar erdrücken oder das Internet, in dem wir jederzeit konsumieren können oder keine Informationen verpassen möchten. „Eine Rosine zu essen, soll meine Achtsamkeit schulen? Wie soll das denn gehen?“, wirst du jetzt vielleicht denken. Eine Rosine mit allen Sinnen und mit voller Aufmerksamkeit zu essen, ist eine wunderbare Übung, um deine Konzentration zu schulen. Du bist dabei präsent und vollkommen im gegenwärtigen Moment. Dein Geist wird dabei klar und deine Gedanken werden ganz automatisch ruhig. Fühle dabei in deinen Körper und setze deine Sinne bewusst ein, vom Kopf in den Körper und somit ins Gefühl. Wir stellen uns also vor, dass wir, wie ein Kind, zum allerersten Mal diese kleine Frucht mit allen Sinnen erforschen. Anstelle der Rosine kannst du natürlich auch ein anderes kleines Lebensmittel wie eine Himbeere, Brombeere, Erdbeere, einen Keks oder eine Cocktailtomate verwenden. Unsere Werkzeuge zum Erforschen sind unsere fünf Sinne: sehen, hören, schmecken, fühlen und riechen.

Zuerst einmal schauen wir mit den Augen die Rosine an. Wie sieht sie aus? Welche Farbe hat sie? Wie ist die Oberfläche? Sieht der Gegenstand lecker aus? Dann riechen wir an der Rosine. Was riechst Du? Hat die Rosine überhaupt einen Geruch? Löst der Geruch irgendwelche Erinnerungen in dir aus? Als nächstes fühlen wir die Oberfläche des Gegenstandes. Wie fühlt sich die Rosine an? Gibt sie nach bei Druck? Halte die Rosine an dein Ohr und drücke, quetsche oder schüttle sie und versuche dich darauf zu konzentrieren, ob die Rosine dabei ein Geräusch macht. Erst dann nimmst du die Rosine in den Mund und legst sie erst einmal auf deine Zunge. Wie fühlt sich die Rosine jetzt an? Anders als in deiner Hand? Kannst du die Runzeln und Furchen spüren, schmeckst du jetzt schon die Süße? Oder schmeckt sie sogar eher würzig? Langsam und bewusst fängst du nun zu kauen an. Wie verändert sich der Geschmack und die Konsistenz der Rosine? Wie lange bleibt der Geschmack noch im Mund, selbst wenn die Rosine bereits in deinem Magen gelandet ist?

Die Übung kann von 5 Minuten bis zu 20 Minuten gehen, es kommt einfach darauf an wie intensiv du die Rosine untersuchst. Je öfter du diese Übung machst, desto einfacher wird sie dir fallen. Es ist wie beim Sport. Achtsamkeit ist wie ein Muskel, der trainiert werden möchte. Und irgendwann wird es selbstverständlich für dich, achtsamer zu essen und auch in den anderen Lebensbereichen wirst du achtsamer mit dir, den Ressourcen der Erde und den Dingen, die dich umgeben, umgehen.

Abb.1 Achtsam essen (Bild von Christina Scarico)

Dankbarkeit

Der zweite große Schlüssel, um den Kurs auf Glück und Leichtigkeit zu stellen, ist die Dankbarkeit. Dankbar zu sein ist nicht immer leicht im Leben. Gerade wenn wir an Wegkreuzungen stehen und nicht weiterwissen, die körperliche oder seelische Gesundheit nicht mitspielt, uns finanzielle Sorgen plagen, Verantwortung schwer auf unseren Schultern lastet oder Streitereien in der Familie oder unter Freunden uns belasten. Aber genau dann benötigen wir eigentlich den Richtungswechsel in unseren Gedanken und die Dankbarkeit kann uns darin unterstützen, wieder glücklicher und gesünder zu werden.

Für was können wir denn alles dankbar sein? Als erstes für das Leben selbst, dass wir Erfahrungen sammeln und jeden Morgen aufstehen dürfen. Für unseren Körper, der uns mit Sauerstoff und Nährstoffen versorgt und mit dem wir wachsen und fühlen dürfen. Für unser Essen und Trinken, dafür, dass wir jederzeit einkaufen können und nicht nur ein Schälchen Reis am Tag bekommen. Für unseren Job, unser Zuhause, die warme Dusche, den Partner/die Partnerin, für Freunde und Frieden, für Demokratie und Freiheit. Die Liste lässt sich beliebig fortsetzen und dir fallen bestimmt noch viele Dinge ein, für die du dankbar sein kannst.

„Nicht die Glücklichen sind dankbar. Es sind die Dankbaren, die glücklich sind."
(Francis Bacon)

Dankbarkeit öffnet uns viele Türen und hat auch viele Auswirkungen auf unser Leben und unser Wohlbefinden. Das kann ich nur aus eigener Erfahrung bestätigen. Ich habe an einer 52-Wochen-Dankbarkeitschallenge teilgenommen. Es gab jede Woche eine Frage zum Thema Dankbarkeit, mit der wir uns frei auseinandersetzen konnten. Der Kreativität waren keine Grenzen gesetzt und somit mein Interesse geweckt. Die Challenge entwickelte sich für mich zu einem wundervollen Ritual, bei dem ich immer tiefer und tiefer in mich tauchte. Ich habe viele Schätze und Juwelen in mir entdeckt, eines davon war das Schreiben. Ich dachte immer, dass ich nicht gut genug dafür bin. Ein Glaubenssatz, den ich gerade sehr liebevoll ablege. Denn wer bestimmt darüber, was gut genug ist? Doch das ist ein anderes Thema. Ich habe mich durch die Challenge regelmäßig mit dem Thema Dankbarkeit auseinandergesetzt und irgendwann wurde es immer leichter, Dinge zu finden, für die ich dankbar war und bin. Ich wurde zufriedener und bekam dadurch eine enorme Energie, die mich sogar innerhalb kürzester Zeit einen Blog erstellen ließ. Nie hätte ich davon zu träumen gewagt. Auch andere Themen in meinem Leben fallen mir nun wieder leichter, der Haushalt ist nur ein Beispiel davon.

Wie kann ich nun Dankbarkeit in meinem Leben verankern?

Hier gibt es mehrere Möglichkeiten:

- Wenn du gerne schreibst, kann ich dir ein Dankbarkeitstagebuch empfehlen. Jeden Abend kannst du darin die Dinge festhalten, für die du an diesem Tag dankbar warst. Das kann ein Sonnenstrahl sein, der dich im Gesicht gekitzelt hat, ein schönes Gespräch, ein gutes Essen. Hier lenken wir unsere Gedanken auf die kleinen Dinge, die uns glücklich machen.

- Falls du nicht so gerne schreibst, kannst du dir auch morgens ein paar Minuten Zeit nehmen und darüber reflektieren, für was du heute dankbar sein und wie du dich heute fühlen möchtest. Diese Übung finde ich sehr kraftvoll, da ich bereits mit der positiven Energie in den Tag starte. Ich kann dann abends auch noch darüber reflektieren, wie der Tag gelaufen ist und für was ich dankbar bin.

- Wenn du gerne ätherische Öle magst, dann suche dir ein Öl aus und mische es mit einem Trägeröl, wie zum Beispiel Mandelöl oder fraktioniertes Kokosöl. Dann denkst du daran, was dich dankbar und glücklich macht und massierst dir das Öl am ganzen Körper oder auch nur an einem Körperteil ein. Falls du einen Diffusor hast, kannst du das Öl auch vernebeln und dabei immer wieder daran denken, wofür du dankbar bist und dem Glücksgefühl nachspüren. Unser Gehirn verknüpft somit den Geruch mit diesem positiven Gefühl und jedes Mal, wenn du den Geruch riechst, wird das Glücksgefühl in Sekunden schnelle hervorgeholt. Das ist wie einen Anker setzen. Zimtgeruch ist so ein Beispiel bei mir, sobald ich Zimt rieche, fühle ich mich geborgen. Ein echter Seelentröster für mich.

- Du kannst auch direkt deinen Dank aussprechen oder einen Brief schreiben. In dem Brief formulierst du deine Dankbarkeit. Damit bist nicht nur du glücklicher, sondern auch die Person, der du dankbar bist. Nichts ist schöner als Glück zu teilen. Sich selbst einen Dankesbrief zu schreiben ist auch eine kraftvolle Übung. Am Anfang fiel mir das total schwer, aber als ich einmal angefangen hatte, war ich total erstaunt über die Worte, die da geflossen sind. Wir vergessen uns nur allzu oft und stellen andere in den Mittelpunkt.

Mein Mantra/meine Affirmation (vielleicht ja auch etwas für dich):

„Ich bin dankbar für jeden Sonnenaufgang und Sonnenuntergang, für jeden neuen Tag mit all seinen kleinen und großen Wundern und dem Sternenglanz der Nächte, mit allen Emotionen, mit den höchsten Höhen und den tiefsten Tiefen, mit allen Facetten die zum Leben gehören."

Abb. 2 Sonnenaufgang (Bild von Christina Scarico)

Selbstfürsorge als dritter Schlüssel

Unser Herz ist unser Wegweiser zum Glück, zu Zufriedenheit und auch zu Gesundheit, davon bin ich vollkommen überzeugt. Halte öfters am Tag inne und frage dich, was dir und deinem Herzen Freude bereitet. Lege eine Hand auf dein Herz und atme bewusst ein und aus. Dann spüre in dich hinein und frage dich: Was lässt dein Herz hüpfen? Was fühlt sich wichtig für dich an? Welche Verletzung lässt dich wütend sein oder belastet dich? Versuche das

Geschehene anzunehmen, denn du kannst die Vergangenheit nicht ändern. Wenn es dir möglich ist, vergib dir und den Anderen. Umarme dich und bedanke dich bei deinem Herzen, dass es unermüdlich für dich schlägt, dass es den Sauerstoff und die Nährstoffe durch deinen Körper in die kleinsten Zellen transportiert, dass es dich fühlen lässt.

„Solange du dein Herz nicht öffnest, wirst du nie dein volles Potential erreichen." Paulo Coelho.

Öffne dein Herz und versuche zu spüren, was dir Freude bereitet. Dann folge dieser Spur, sie ist dein Kompass. Durch deine Herzöffnung kann dann das Leben und die Liebe fließen und das Glück ist nur ein Schmetterlingsflügelschlag entfernt. Unser Herz öffnet sich, indem wir uns auf unsere Sinne einlassen, indem wir dankbar sind und unser Herz sich mit unserem Verstand verbindet.

Sich selbst Gutes zu tun, ist mir mittlerweile sehr wichtig geworden. Gesunde Grenzen zu setzen auch. Guter Schlaf, Bewegung, genussvolle und nährstoffreiche Ernährung und – nicht zu vergessen – die Entspannung lassen mich in Balance kommen. Ich suche mir täglich Auszeiten und Genussmomente. Darüber schreibe ich auch seit kurzem auf meinem Blog, denn ich möchte meine Erfahrungen teilen und dich dazu ermutigen, deinen ganz eigenen Glücksweg zu finden. Glück ist nicht flüchtig, Glück ist eigentlich ganz nah, wenn wir unsere Augen und unser Herz öffnen.

Abb. 3 Blumenwiese (Bild von Christina Scarico)

Meine kleine Glücksliste:

- Raus in die Natur, das Grün der Pflanzen beruhigt mich und lässt meine Gedanken ruhig werden
- Lieblingsmusik aufdrehen und drauflos tanzen
- Ein gutes Buch lesen oder einen schönen Film schauen
- Genügend Pausenzeiten einplanen und auch spontan bei Bedarf eine Auszeit sich gönnen
- Bewusstes Atmen, auch in Verbindung mit Pilates oder Meditation
- Dankbarkeitstagebuch: morgens aufschreiben, wie ich mich fühlen möchte

und abends aufschreiben, wofür ich dankbar war

- Ein Fußbad oder eine Gesichtsmaske
- Fahrrad fahren oder auch eine andere Art von Bewegung
- Etwas Neues anfangen, neugierig sein
- Kreativzeit, schreiben, malen, mit den Händen werkeln
- Wer es mag, Gartenarbeit ist wunderbar meditativ
- Inspirierende Podcasts hören
- Zeit mit guten Freunden verbringen
- Lachen (man braucht nicht immer einen Grund dafür, für den Anfang reicht auch ein Lächeln ;))
- Bewusst nichts tun – einfach ein wunderbares Gefühl
- Ätherische Öle schnuppern, bei Zitrone oder Orange bekomme ich automatisch gute Laune
- Achtsam mit mir selbst umgehen, nachspüren, was ich jetzt genau brauche, um zufrieden und glücklich zu sein
- Meinem Herzen folgen, groß träumen und Herzhüpfmomente finden
- Im Alltäglichen das Wunderbare sehen

Wie schon Konfuzius sagte: „Freude ist überall. Es gilt nur, sie zu entdecken."

Ich wünsche dir nun, dass du deinen ganz eigenen Weg zum Glück findest und hoffe, dass du ein paar Impulse und Ideen mitnehmen konntest, die dich deiner Freude folgen lassen. Dein Kompass steht nun hoffentlich ein wenig mehr auf Genuss und Leichtigkeit. Es ist der Weg, auf dem auch ich mich gerade befinde und jeden Tag kommen neue Erfahrungen, Ideen und Inspirationen hinzu. Nichts bleibt wie es ist, alles verändert sich und die Energie fließt im besten Falle. Und vergesse nie: es geht immer um die Liebe, mit der wir etwas tun, mit der wir Menschen begegnen und vor allem uns selbst gegenüber. Öffne dein Herz und deine Sinne, erfreue dich an deiner Einzigartigkeit und deinem Leben und sammle deine großen und kleinen Glücksmomente.

Pusteblumenleichte Grüße
Christina

CHRISTINA SCARICO

Foto: Christina Scarico

Christina Scarico, Jahrgang 1974, lebt in der Nähe von Karlsruhe. Sie möchte dich dazu inspirieren, deine Glückssuche selbst in die Hand zu nehmen und dich wichtig zu nehmen.

Mit drei Kindern im Haus, dem Herzmann an ihrer Seite und einem Halbtagsjob wird ihr nie langweilig. Wenn sie nicht gerade liest, dann ist sie kreativ, liebt es zu kochen und zu backen und schwelgt mit Pinseln

Stricknadeln oder Stiften in Farben und Formen. Beim Schreiben kann sie ihre Gedanken sortieren und sich erden. Die Natur schenkt ihr immer wieder wertvolle Momente, die sie aufatmen lassen. Sie liebt Bewegung und hat für sich Pilates und Yoga entdeckt.

Es gab Zeiten, da war sie so in ihrem Hamsterrad gefangen, dass sie kaum noch Energie hatte und einfach nur müde und ausgelaugt war. Der Tiefpunkt war eine Schilddrüsenerkrankung, die sie erstmal völlig aus der Bahn warf. Im Nachhinein betrachtet, so sagt sie: „Das Beste, was mir passieren konnte“. Denn nun hieß es, sich um sich selbst zu kümmern. Ihre Zusatzausbildung zur Fachkompetenz für Holistische Gesundheit hat sie zusätzlich darin bestärkt, dass allein eine ganzheitlich betrachtete Gesundheitsberatung, die nicht nur den Körper und die Ernährung betrachtet, sondern auch Geist und Seele mit einbezieht, zu nachhaltigen Erfolgen führt. Dazu gehört Stressmanagement genauso, wie das Essen mit Genuss und tägliche Bewegung. Eine Balance für Körper, Seele und Geist herzustellen ist ihr persönliches Ziel.

Und genau darüber schreibt sie seit kurzem auf ihrem Blog „meinpusteblumengarten.de“. Sie möchte dich mit auf die Reise zu dir selbst nehmen.

In Christinas Blog findest du einen bunten Blumenstrauß aus Texten, Ritualen, DIY, Rezepten und Inspirationen rund um die Themen Selfcare und Genuss, die in dein Leben Leichtigkeit und Lebensfreude zaubern sollen. Sie teilt ihre Tools, die sie auf ihrem bisherigen Lebensweg entdecken und testen durfte. Das Leben darf leicht sein und dein Kompass sind die Momente, in denen dein Herz hüpft.

www.meinpusteblumengarten.de
www.facebook.com/christina.scarico

heymliche poesie (inspiriert durch morgentau)

Worte fallen koffeinfrei aufs Papier.
Ungeschminkt bringen sie Traumfetzen ans Licht.

Gabriele Heymel

Einfach mehr lachen!

Ines Hainski

Einfach mehr lachen – (m)ein Weg für mehr Wohlbefinden und Freude im Alltag. Du kennst den Spruch „Lachen ist gesund“ und dies ist wissenschaftlich erwiesen. Ich möchte dir in diesem Beitrag Einiges über das Lachen erzählen und darüber, wie dein Lachen ein Teil deiner persönlichen Glücksroutine werden kann.

„Lachen ist die Sprache der Seele.“
(Pablo Neruda)

Einfach mehr lachen – leicht gesagt.
Das Leben schenkt uns nicht jeden Tag Anlässe dafür oder sehen wir sie nur nicht? Brauchen wir überhaupt einen Grund?

Warum Lachen so gesund ist

Lachen fordert die gesamte Muskulatur, besonders die Gesichtsmuskeln, die für den sichtbaren Lachausdruck verantwortlich sind. Die Aktivierung unserer Brustmuskulatur, speziell des Zwerchfells als wichtigstem Atemmuskel, führt zu einem erhöhten Luftaustausch und zur Steigerung der Atemkapazität. Somit gelangt mehr Sauerstoff in unseren gesamten Körper, was wiederum zur Steigerung unserer physischen sowie psychischen Leistungsfähigkeit beiträgt. Die positiven Effekte des Lachens tragen zur Regeneration der körpereigenen Energiequellen und zur Stärkung des Immunsystems bei.

„Das Lachen ist ganz offensichtlich ein Phänomen, das Körper und Geist gleichermaßen betrifft."

(Peter L. Berger)

Du weißt natürlich, dass Bewegung wichtig ist für deine Gesundheit, jedoch ist Sport nun nicht unbedingt jedermanns Sache. Aber auch hierbei kann dich dein Lachen unterstützen.
Lachen erzeugt Vibrationen, wodurch sich Verspannungen lösen können. Deine Organe im

Bauchraum werden sanft bewegt, was unter anderem die Verdauung anregt.

Du verschaffst deinem Körper durch regelmäßiges Lachen ein eigenes Lach-Workout. Das hast du bestimmt schon einmal nach einem richtigen Lachflash selbst gefühlt: du spürst auf einmal deine Gesichts-, Kiefer- und vor allem deine Bauchmuskulatur. Hierzu eine kleine Episode. Eines Tages spürte ich während einer Massage einen unbekannten Schmerz im mittleren Rückenbereich. Es fühlte sich irgendwie wie Muskelkater an. Der Physiotherapeut war verwundert und fragte nach, ob ich unter Husten litt oder oft niesen müsste. Er erklärte mir, dass dies eine Muskelpartie sei, die dabei besonders beansprucht wird. Aber nein, ich hatte nichts dergleichen und dachte so bei mir: „Naja, hat man schon mal, bist ja keine 20 mehr". So tat ich es erst einmal ab, doch meine grauen Zellen suchten insgeheim weiter nach der Ursache. Hatte ich in letzter Zeit etwas verändert? Ja, da gab es wirklich etwas Neues: Lachyoga. In der Zeit meiner Lachyoga-Ausbildung hatte ich jeden Tag Lachvideos gedreht, neue Übungen probiert und an Lachsessions teilgenommen. Das könnte es sein! Ich fragte nach, ob dieser Muskelkater vielleicht auch vom Lachen kommen könnte. Da hatte der erfahrene Therapeut selbst lachen müssen und fragte, wieviel ich denn lachen würde, weil man dafür schon sehr, sehr viel und intensiv lachen müsste. Und ja, das hatte ich, täglich mehrmals sogar und dieses war eine neue physische Erfahrung für mich. Intensives Lachen ist zweifelsfrei körperliche Arbeit, bei der auch tiefere Muskelschichten beansprucht werden. Das Rätsel war gelöst. Aber keine Sorge, wie bei jedem anderen Training verschwindet auch der Lachkater am schnellsten dadurch, indem du einfach mehr lachst.

„Lachen ist eine körperliche Übung von großem Wert für die Gesundheit.“
(Aristoteles)

Um all die positiven Effekte des Lachens zu erfahren, ist es unerlässlich, mehrmals am Tag intensiv zu lachen. Mindestens 10 bis 15 Minuten! Und das am besten am Stück. Nein, ehrlich? Du fragst dich, wie du das anstellen sollst? Ich werde dir einige Beispiele zeigen. Du startest mit kleinen Einheiten, die du leicht in deinen Alltag integrieren kannst. Dann steigerst du dich und wirst so in der Lage sein, deine eigene Lachpraxis zu entwickeln.

Was Lachen alles sonst noch kann

Lachen schenkt dir freudige Momente und nicht nur dir, denn Lachen ist nun einmal ansteckend. Lachende

Gesichter öffnen jedes Herz und zaubern zumindest ein Lächeln hervor. Wer kann denn schon beim Anblick eines lachenden Gesichts ernst bleiben? Lachen ist ansteckend, verbindet Menschen und schafft sekundenschnell eine positive, soziale Interaktion.

„Die kürzeste Verbindung zwischen zwei Menschen ist ein Lächeln.“
(Buddha)

Kinder können über alles und jederzeit lachen. Sie sind noch nicht gefangen in den Anforderungen und Regeln der Gesellschaft. Sie sind einfach unbeschwert, sie nehmen sich diesen Augenblick und genießen den Moment. Leider verlieren wir diese kindliche Leichtigkeit des spontanen Glücklichseins. Aber müssen wir das? Für mich steht klar fest: NEIN. Warum auch? Nur weil wir älter sind und uns viele Erfahrungen geprägt haben, sollten wir weniger lachen und glücklich sein? Es gibt Situationen, in denen es vielleicht nicht angebracht scheint, laut zu lachen. Das sind genau die für Eltern peinlichen Momente, in denen Kinder einfach trotzdem lachen. Wäre es dir auch unangenehm? Dann lache still in dich hinein.

Hier eine Begebenheit, die mich selbst in großen Zwiespalt brachte. Teil meiner Lachyoga-Ausbildung war es, täglich Videos mit Lachübungen in einer internationalen Gruppe zu präsentieren. Obwohl wir uns nur online kannten, fühlten wir uns aber durch die bestehende Zusammenarbeit verbunden. Stelle dir also vor, du siehst jeden Tag viele Lachvideos. Aber eines Tages erfährst du plötzlich vom Tod eines Gruppenmitglieds. Auf einmal war die Gruppe stumm. Alle waren erschüttert und betroffen, Tage zuvor sahen wir doch noch ein Video von ihm. Er hatte so ein wundervolles Lachen.

…Stille…

Keiner traute sich nun, ein Video einzustellen. Ich dachte nur, dass kann man nicht tun, nicht in so einem Moment. Doch am nächsten Tag kam ein Video – ein ganz besonderes. Ein Gruppenmitglied zeigte sich weinend und lachend zugleich. Es war bewegend und erlösend für uns alle. Wie ihm das gelang? Ihm liefen die Tränen und trotz allem lachte er. Es war ein trainiertes, willentliches Lachen, das ihm und uns allen in diesem Moment half. Der Verstorbene war ein großer Freund des Lachens – so hätte er es gewollt, denn es war seine Passion, mehr Lachen in die Welt zu bringen – besonders in schwierigen Zeiten. Frage dich, wie ehrt man eine Person, die gegangen ist, am besten? Ein trauriges Gesicht und Stillstand helfen wenig, aber die Botschaft und Leidenschaft desjenigen weiterleben zu lassen, ist eine wunderbare Geste. Den Verlust und den Schmerz wird das Lachen nicht wettmachen, dass soll es auch nicht, aber es kann weiterhelfen, dir diese Zeiten etwas zu erleichtern.

Lach mal drüber nach!

Du knabberst an einem Problem, welches dich einfach nicht loslässt. Oh, das kenne ich nur zu gut. Falls du zu den Glücklichen gehörst, denen der endlose Gedankenkreisel fremd ist: Herzlichen Glückwunsch. Dann nimm bitte diesen Abschnitt als Randanekdote und staune, was es so alles gibt. Für alle anderen: Du bist nicht allein.

Wir denken über vieles nach, denken links, dann rechts herum, drehen uns im Kreis. Fakten tragen wir zusammen, wir listen auf und bewerten, Sichtweisen und Argumente anderer holen wir ein, Artikel, ganze Bücher lesen wir. Es gibt scheinbar unzählige Strategien, um endlich zur ersehnten Lösung zu kommen. Der Kopf steuert, es dreht sich alles um DIE Lösung und trotzdem fällt es uns schwer, zu ihr zu gelangen, sie zu treffen. Oft sind dabei Kopf und Bauch völlig unterschiedlicher Meinung und das ist das Dilemma.

Deshalb probiere doch in solchen Situationen einmal einen etwas anderen Weg. Erwarte keine Wunder, aber eine Wandlung.

Wie es geht? Du lachst, du lachst lang und laut, noch länger und lauter und immer noch ein bisschen mehr.

Belächle dein Problem, lache es an und aus. Und das ist schon das ganze Geheimnis.

Es geht dabei nicht darum, Probleme wegzulachen, sich selbst oder eine Situation lächerlich zu machen. Du änderst sozusagen deinen Blickwinkel und machst aus der verworrenen Blickrichtung einen leichteren Lachweg.

Was dabei passiert?

Indem du lachst, findest du keine Zeit, dein Problem weiter gedanklich zu bearbeiten. Du bist buchstäblich lach-abgelenkt und gönnst so deinen Hirnzellen eine Auszeit.

Zeitgleich versorgst du deinen Körper durch deine intensivere Atmung mit mehr Sauerstoff. Dieser fließt nun ungebremst durch deine Blutbahnen bis ins Gehirn und versorgt es mit einer extra Portion Energie.

Glückshormone und Botenstoffe werden ausgeschüttet, die deine Stimmung positiv beeinflussen.

„Das richtige Lachen
ist der Beginn des richtigen Denkens und Empfindens."
(Carl Zuckmayer)

Lachyoga – Yoga etwas anders

Wenn du glaubst, dass du dich beim Lachyoga verbiegst, lange in Asanas (Yoga-Positionen) verweilst oder sogar „Om“ singst, dann liegst du – leider oder zum Glück – ganz falsch. Du brauchst keine Matte, keine Musik, keinen bestimmten Fitnesslevel, keinen äußeren Umstand – du brauchst nichts, außer dich selbst. All die organisatorischen Fragen, wie zum Beispiel nach dem Wo und Wann stellen sich nicht.

Aber was ist es dann genau? Beim Lachyoga wird gelacht und das ganz ohne Grund; kein Witz, keine lustige Begebenheit oder dergleichen sind nötig. Dieses Lachen kannst du gleichsetzen mit einer sportlichen Übung, d.h. du trainierst es, um positive Effekte für deine Gesundheit zu erzielen. Du startest mit kleinen Lachübungen, hier darfst du wieder Kind sein, dich ausprobieren und Spaß haben. Nach einiger Zeit wird aus dem trainierten ein ganz natürliches Lachen. (Fake it till you make it.) Das Gehirn kann nicht unterscheiden, ob du aus einer Situation, einem Gefühl heraus oder willentlich herbeigeführt lachst, die Wirkung ist identisch.

Eine kleine Übung – die Muschel.

Lach- oder Miesmuschel?
Das ist hier die Frage!

Warum es Lachyoga heißt? Es werden hier Atemtechniken und der Spirit des Yogas mit Lachübungen kombiniert. Es geht um bewusstes Ein- und Ausatmen, denn hast du schon einmal darüber nachgedacht, was Lachen eigentlich ist – es ist Ausatmen.

Entwickle deine Lachroutine

Also wie schaffst du es nun, mehr Lachen in dein Leben zu integrieren? Hier einige Anregungen für deinen Tag. Nachahmen ist erwünscht und einfach. Überwinde dich, probiere dich aus und finde deinen eigenen Lachweg.

Ein guter Start in den Morgen. Wenn ich am Morgen aufwache, blinzele ich, begrüße gedanklich den Tag. Ich lächle und freue mich, egal was er bringen mag. Entweder noch im Liegen oder im Sitzen lache ich, nicht ganz so laut, halt leise für mich und dies für einige Zeit. Dann raus aus dem Bett und die Kopfhörer auf, die Lieblingsmusik an und es folgt eine Runde Tanzen zu einem meiner Lieblingssongs, verbunden mit Lachen. So habe ich schon zu Beginn meines Tages mindestens fünf Minuten gelacht, bin voller Energie und Freude. Du kannst natürlich statt des Tanzens auch probieren, dein morgendliches Sportprogramm mit Lachen zu ergänzen oder deine Yoga-Praxis. Wie wäre es, wenn aus der *Kobra* die *lachende Kobra* oder dem

Krieger der lachende Krieger wird? Grenzenlose Phantasie, alles ist möglich.

Bei mir geht es mit einem leckeren Tee weiter. Während dieser zieht und abkühlt bietet sich mir weitere Lachzeit.

Ab ins Bad. Singen unter der Dusche ist doch für viele normal, warum dann nicht lachen oder eine Kombination aus beidem. Nimm dir das Lachshampoo und los geht es. Selbst beim Zähneputzen ist es möglich. Beachte: die Person, die dir aus dem Spiegel entgegenlacht, hat genauso viel Spaß wie du. Nimm deinen Partner dazu und schon seid ihr zu viert und wer sollte euer Lachen dann noch stoppen können?

„Wer den Tag mit Lachen beginnt, hat ihn bereits gewonnen.“
(Sprichwort aus Tschechien)

Also nimm das Lachen bereits in deine tägliche Morgenroutine auf.

„Eine Seefahrt, die ist lustig…“, die tägliche Fahrt zur Arbeit aber nicht wirklich. Stehst du auch oft im Stau? Du kannst am Ende daran wenig ändern, aber du kannst versuchen, dich nicht darüber zu ärgern. Hilft sowieso nicht – dir und deinem Staunachbarn auch nicht. Aggressives Verhalten im Straßenverkehr erhöht sogar das Unfallrisiko. Also stoppe das Schimpfen und versuche es mal mit Lachen. Lächle vor dich hin, lache deinen Staunachbarn an, er kann leider auch gerade nicht weg, also probiere es aus. Keine Angst am Ende löst sich jeder Stau auf und du wirst deinen Lachprobanten wahrscheinlich niemals wiedersehen.

Hallo Arbeitswelt. Wenn bei mir zum Beispiel ein wichtiger Termin im Job ansteht, suche ich mir zuvor ein Plätzchen ganz für mich allein. Hier richte ich dann meinen Körper auf, bewusst von den Füßen bis zum Scheitel (aus meinen 1,62 werden gefühlte 1,89 m). Kennst du die Superheldenpose? Genauso ist sie: groß machen, Arme seitlich nach oben, Kopf und Blick leicht angehoben, tief ein- und ausatmen, strahlen, lachen, Kraft empfangen. Ich gebe mir somit Zeit, Raum und positive Energie, einen Freiraum für mein Denken und Fühlen.

Thema durch, Termin vorbei. Beende ein Gespräch mit einem Witz oder einer lustigen Anekdote, um das Besprochene ganz bewusst abzuschließen. So habt ihr nicht nur fachlich gerungen, sondern auch noch gemeinsam gelacht, auch wenn die Diskussion zuvor vielleicht kontrovers war.

Und täglich grüßt … der Alltag. Meist tanzt du auf mehreren Hochzeiten gleichzeitig. Fliegst noch schnell zwischen Job, Haushalt, Einkauf, Musikschule und Elternabend bei den Großeltern vorbei. Solche und ähnliche Aktionen bestimmen unseren Alltag, sind geprägt von Routinen, denen oft die Leichtigkeit fehlt. Aber wer hat uns eigentlich untersagt, all diesen Verpflichtungen lachend nachzugehen? Natürlich niemand, aber es fällt einem einfach nicht ein, wir denken nicht daran. Deshalb male auf deine Einkaufsliste einen Smiley, klebe einen an den Staubsauger, lege eine lustige Postkarte in den Kofferraum oder in deinen Schrank zwischen die Pullis … Irgendwann findest du dann deine Lacherinnerungen und genau dann, wenn du nicht daran denkst – dann wirst du lachen. Also suche dir Smileys, lustige Bilder – alles was dich ans Lachen erinnert und verteile diese als kleine Gedankenstützen in deinem Alltag.

Ein schlechter Tag. Dein Partner und du, ihr hattet keinen so guten Tag? Lust aufs Erzählen habt ihr auch nicht? Setzt euch einfach gegenüber, haltet eure Hände und fangt an zu schmunzeln, lächelt euch an und dann lacht ihr laut – in etwa so wie bei einem Steigerungslauf – ihr wechselt zwischen laut und leise. Macht das eine oder mehrere Minuten, am besten stellt ihr euch dafür eine Uhr, so könnt ihr euch langsam herantasten. Ihr werdet sehen, habt ihr euch erst einmal zusammen dazu durchgerungen, werdet ihr anschließend mit mehr Freude und Energie den Rest des Tages erleben und der gesamte Tag erscheint in einem besseren Licht. Du möchtest es ohne Partner probieren, kein Problem. Hier hilft dir wieder der Spiegel und das Beste daran ist, du kannst sofort starten und musst niemanden überreden mitzumachen. Dein Spiegelbild wird in jedem Fall mit dir lachen – also, wenn du lachst. Versprochen.

Ein ganz mieser Tag. Also, wenn es echt hart ist zu lachen und selbst dein Spiegelbild mürrisch ist, dann schiebe mit Daumen und Zeigefinger deine

Mundwinkel nach oben. Hier merkst du schon die Aktivierung deiner Wangenmuskulatur. Noch nicht ausreichend? Nimm dir einen Stift und klemm ihn dir zwischen die Zähne ohne, dass deine Lippen und Mundwinkel in Kontakt damit kommen (Übung von Vera F. Birkenbihl). Ersten sieht es komisch aus, könnte schon einmal weiterhelfen und zweitens aktivierst du deine Gesichtsmuskeln. Dein Gehirn empfängt die gleichen Signale und dein Körper erhält so auch die Glücksbotenstoffe, die er durch natürliches Lachen erhalten würde.

Tischrituale. Die Zeit des gemeinsamen Essens schätze ich besonders. Es gibt verschiedene Möglichkeiten, sich zum Beispiel einen guten Appetit zu wünschen, ein Kuss, ein Gebet, ein Anstoßen, ein Lied. Wenn die Familie am Tisch sitzt und sich alle in die Augen blicken, fällt eine gemeinsame Lachrunde umso leichter. Also warum nicht mal zur Abwechslung mit einer Lachrunde starten. Nicht nur die Kinder werden es lieben.

Abendspaziergang. Eigentlich wäre es jetzt so richtig gemütlich auf der Couch. Oh, nein, die Couchpotato braucht noch etwas Luft. Auch wenn du dir andere Dinge vielleicht besser vorstellen könntest, nimm es dir bewusst vor. Mach dir einen Termin zu einem Lachspaziergang mit dir selbst und trage ihn in deinen Kalender ein. Da dir die Einhaltung von

Verabredungen wichtig ist, solltest du dir selbst auch die Aufmerksamkeit und Zeit schenken – so, wie du es bei anderen tust. Wie funktioniert mein Lachspaziergang? Ich gehe am liebsten direkt nach der Arbeit los, schnappe mir den Hund und raus. So schaffe ich mir den nötigen Abstand zum Trubel des Tages und hole mir neue Energie. Und dann geht es los, zuerst schmunzle ich wieder vor mich hin (hier gibt es ja noch Häuser), wenn ich am Feld bin, wird es ungebremst und laut. Lach doch mal einen Baum an, er wird zwar nicht zurücklachen, aber auslachen wird er dich auch nicht. Oft begegnen mir andere Personen, die ich nicht immer gleich bemerke, besonders nicht die, die sich von hinten „anschleichen". So kann es passieren, dass ich sozusagen das eine oder andere Mal beim Lachen erwischt werde. Ups, früher wäre mir das noch peinlich gewesen und das obwohl die meisten einfach mitlachen, heute – ganz egal – einfach weitermachen und -lachen.

Du bist eher ein Herdentier? Dann ab mit dir in einen Lachclub. Diese gibt es weltweit und online. Lachclubs bieten dir einen geschützten Raum, wo du dich und dein Lachen ohne Scham und Scheu mit Gleichgesinnten ausprobieren kannst.

Ich selbst verschicke gerne Lachbotschaften. Nicht, dass du denkst, ich würde unaufgefordert Videos durch die Welt senden, nein, ich werde darum gebeten.

Zuerst waren es nur enge Familienangehörige, dann Freunde und dann Freunde von Freunden. Besonders ältere Menschen lieben meine Lachbotschaften. Die Freude, die ich damit schenken kann, gibt mir großes Glück zurück.

Wie du siehst, es gibt unendlich viele Möglichkeiten, Lachen in den Alltag einzubauen, sei es laut oder leise, allein oder zu mehreren. Dies waren kleine Anregungen und Beispiele. Ich bin mir sicher, du findest viele weitere Möglichkeiten, mit Lachen zu mehr Freude und Wohlbefinden zu gelangen. Seit ich Lachyoga praktiziere, habe ich täglich neue Ideen, wo, wie, wann und mit wem ich lachen kann. Ich habe es zu einem festen Bestandteil in meinem Leben gemacht. Ich warte nicht auf Momente, in denen ich lachen kann, ich schaffe sie mir und anderen selbst. Ich plane meine Lachzeiten fest ein. Und ehrlich gesagt, falls ich es aus irgendeinem Grund einmal nicht geschafft habe – ich bin ja auch nur ein Mensch – fehlt mir etwas.

„Jedes Lachen vermehrt das Glück der Erde.“
(Jonathan Swift)

Zum guten Schluss

Auch wenn ich viel lache, bin ich nicht albern (kann ich aber sein). Ich mache mich nicht über jede Schwierigkeit lustig, belächele sie aber, ohne sie zu bewerten. Ich habe meinen Weg gefunden, um mit Herausforderungen umzugehen und mir selbstbestimmt einen Energiebooster durch mein Lachen zu verschaffen.

Einfach mehr lachen – (m)ein Weg für mehr Wohlbefinden und Freude im Alltag.

Finde nun deinen Weg zu mehr Lachen, schenke dein Lachen anderen und vor allem genieße dein LACHEN in vollen (Atem-)Zügen.

LACH MAL DRÜBER NACH!

INES HAINSKI

Foto: Ines Hainski

Ines Hainski, 50+, ist Lachyoga-Coach und inspiriert Menschen zum Lachen für mehr Freude und Wohlbefinden.

Sie liebt es, aktiv zu sein, ist vielseitig kreativ und neugierig auf das Leben. Es gibt kaum etwas, was sie nicht zumindest einmal ausprobieren möchte und sei es noch so schwierig oder kurios. Und genau so kam sie zum Lachyoga. Vor einigen Jahren stieß sie auf einer Messe auf einen Workshop zum Thema „Lachyoga", dem sie nicht widerstehen konnte. Als begeisterter

Yoga-Fan mit Erfahrungen in unterschiedlichen Stilrichtungen kam dieses Angebot genau richtig. Die Neugier war geweckt. Es hörte sich verrückt an und wie das funktionieren sollte, stellte sie sich amüsant vor. Ja, und das sollte der Anfang ihrer spannenden Reise des Lachens werden.

Ines Hainski hat sich ihr Kind-sein-können bewahrt und lebt getreu ihrem Motto „Ich l(i)ebe mein Alter unabhängig vom Alter." Sie hat Spaß daran, lachend durch Pfützen zu springen, Grimassen zu schneiden, Seifenblasen zu kreieren oder Kauderwelsch zu sprechen und dabei ihr eigenes Lachen zu genießen. Mit Vorliebe dreht sie Lachvideos, um andere Menschen mit auf den Weg zu nehmen, denn lachende Menschen machen unsere Welt zu einer besseren.

Die Uhr

Meine Uhr blieb stehen.
Sie blieb einfach stehen.
Ich werde mir keine neue Uhr kaufen.
Denn die Zeit lief unerschrocken weiter.

Christin Kunze (17 Jahre)

Ich gehe wieder leben…kommst du mit?

Melanie Sterzinger

Wenn dir plötzlich der Boden unter deinen Füßen wegbricht und du glaubst, dass du verloren bist, ist das in Wahrheit der Beginn der schönsten Reise deines Lebens. Lass dich darauf ein und du wirst Wunder erleben.

Als ich vor etwa drei Jahren, die wohl schönste und längste Reise meines Lebens begann, hätte ich mir nie träumen lassen, was ich heute alles weiß, was ich tue und wie ich denke. Gefühlt hatte ich mein ganzes bisheriges Leben abseits von meinem Inneren gelebt, ich habe Symptome meines Körpers ignoriert, Liebe und Glück vergeblich im Außen gesucht. Ich war absolut fremdbestimmt und tat alles für andere, doch selten etwas für mich.

Ein Trauma folgte dem nächsten, es nahm mir mehr und mehr die Luft zum Atmen, das Vertrauen war schier endlos verschwunden, die Angst in mir stärker denn je. Jahrzehntelang entschuldigte ich alles in meinem Leben mit meiner verkorksten Kindheit, in der ich viel alleine war, meinem negativen Elternhaus mit diversen Süchten, all den Traumata, die ich schon in jungen Jahren erleben „musste". Als ich 10 Jahre alt war, nahm sich mein Vater das Leben und war einfach verschwunden. Aus seinem Leben und aus meiner kleinen Welt. Von da an habe ich mir Tag für Tag immer und immer wieder die gleiche Geschichte erzählt. Ich bin dies und das, weil ich es nie anders gelernt habe, weil ich nie dieses behütete Elternhaus hatte, das ich mir immer so sehnlichst gewünscht habe. Weil ich nie erfahren habe, was es heißt, wirklich und innig zu lieben, und dass das Leben auch schön, freudig und voller Glück im Herzen sein kann.

Als ich mit 34 Jahren am Tiefpunkt meines Lebens angekommen war, zog ich die Reißleine. Ich weiß es noch, als wäre es gestern gewesen: als mich zwei wundervolle kleine, rehbraune Augen anschauten, voller Unsicherheit, Angst und unendlicher Traurigkeit. Meine Tochter wusste nicht, was geschah, warum Mama jetzt plötzlich umringt ist von Ärzten und Krankenschwestern, in Windeseile durchgecheckt wurde, um das Schlimmste zu verhindern. Schon oft hatte mir mein Körper Signale gesendet, mir Symptome geschickt, dass ich endlich hinschaue und nicht mehr wie ferngesteuert und fremdbestimmt durch diese Welt laufe. Bis zu diesem Tag hat mein Körper und dieses wundervolle Universum alles versucht, dass ich aufwache, dass ich endlich verstehe, dass mein Plan im Leben anders aussieht. Bunt und wundervoll mit Liebe und Freude und so viel mehr. Als mein Herz buchstäblich gebrochen war, wusste ich, dass seine Heilung meine Heilung sein wird.

Und nun saß ich da, der Boden unter meinen Füßen weggerissen, hilflos, kraftlos, aussichtslos und um mich herum meine Kinder mit eins und vier Jahren. Sie wollten mit mir spielen, mit mir lachen, mit mir toben. Nichts von alledem konnte ich ihnen geben. Ich war froh über jeden Tag, der vorüber war. Nacht für Nacht weinte ich mich in den Schlaf, begleitet von Angst, was der neue Tag bringen wird.

Ich war fest davon überzeugt, dass ich es nicht schaffe, da je wieder herauszukommen...

Mit 34 Jahren, einer Ehe, die einfach nur noch nebenherlief, in der wir kaum kommunizierten und zwei kleinen Kindern, die mich rund um die Uhr brauchten, versuchte ich jeden Tag, nach außen hin stark zu sein und mein Bestes zu geben. In meinem Inneren jedoch tobte die Hölle, dunkle Wolken überzogen mich.

Ich wusste nicht, was Glück ist.

Ich wusste nicht, was wahre Freude ist.

Ich wusste nicht, was bedingungslose Liebe ist.

Ich wusste nichts von dem Strahlen in meinen Augen und meinem wundervollen Lächeln.

Ich wusste nicht, was es bedeutet innere Ruhe zu empfinden und Gelassenheit zu spüren.

Das Einzige was ich bis dahin wusste war, dass das Leben hart, gemein und ein Kampf ist.

An diesem Tag stand ich vor der Entscheidung: Mache ich weiter wie bisher oder fange ich endlich an, meinen eigenen Weg zu gehen. Raus aus meiner Welt ohne Träume, ohne Bewusstheit, ohne Selbstliebe. Hinein in eine völlig neue Welt der Eigenakzeptanz, bedingungsloser wahrer Liebe und unendlichem Urvertrauen. Hinein in diese zaubervollen Glücksgefühle, bei denen mir ganz warm ums Herz wird.

Als ich den Entschluss gefasst hatte, dass ich nicht so weiterleben möchte wie bisher, kamen plötzlich Menschen in mein Leben, die mir zeigten, was es heißt mich selbst wahrzunehmen, mich wieder zu erinnern, wer ich eigentlich bin.

Ich bin so viel mehr als „nur" Ehefrau und Mutter, all meine wundervollen Eigenschaften habe ich viel zu lange versteckt. Ich habe begonnen, die Schönheit meines Lebens zu erkennen, dass ich es liebe und schätze und mich dem Fluss des Lebens hingeben darf. Ich konnte aufhören, jeden Tag meinem starren Regelwerk hinterherzurennen und mich damit selbst zu zerstören. Ich durfte in dieser Zeit so viele tolle Erfahrungen machen, mich mit Menschen austauschen, die mir die richtigen Fragen stellten.

Also ging ich los, Schritt für Schritt, diesen riesigen Berg vor mir. Ich überwand erneute Hindernisse, ließ Menschen, die mir nicht guttun, gehen, lernte mich selbst zu achten, zu respektieren und zu lieben. Wundervolle Herzensmenschen kamen in mein Leben, tiefe Freundschaften entwickelten sich. Mein Mindset drehte ich einmal komplett um und ermöglichte mir so eine völlig neue Sicht auf die Welt. Ich erkannte all den Reichtum und die Fülle in meinem Leben. Nach all den Jahren nahm ich das erste Mal ehrlich und aufrichtig meine wundervollen Kinder wahr. Ich spielte, lachte und tobte mit Ihnen, voller Liebe im Herzen und Glück in mir.

Wenn du jetzt denkst, dass es von da an nur noch bergauf ging, irrst du dich. Es gibt weiterhin Herausforderungen und die wird es auch immer geben. Diesmal sind sie aber von anderer Qualität. Meine Sichtweise hat sich geändert und somit auch meine Reaktion auf das, was passiert.

Ich hatte irgendwann verstanden, dass ich mein Leben selbst erschaffe. Dass ich durch mein Denken Dinge, Personen und Situationen in mein Leben ziehe und ich allein jeden Tag aufs Neue entscheiden darf, wohin mein Weg mich führt.

Natürlich gab es in den letzten drei Jahren Phasen, in denen ich alles hinterfragt habe, was ich da tue, in denen ich am liebsten zurückgerudert wäre, in mein altes Ich, in meine alte bequeme Komfortzone. Um all die Anstrengung und all den Schmerz der Veränderung nicht spüren zu müssen. Viele Veränderungsprozesse in mir taten am Anfang weh, ich wollte sie am liebsten gar nicht anschauen...doch ich begann, von Tag zu Tag Licht auf all die Schatten zu werfen.

Rückblickend ist diese innere Transformation, dieses Aufräumen in mir selbst, wie ein Entrümpeln eines Dachbodens, auf dem sich seit Jahren oder Jahrzehnten so viel Müll angesammelt hat, den ich schon lange nicht mehr brauche. Ich erlange Stück für

Stück wieder mehr Weite in mir, mehr Luft zum Atmen, Freiheit im Herzen.

Ich habe gelernt auch „an trüben Tagen“, wie ich sie immer liebevoll nenne, nicht mein Ziel aus den Augen zu verlieren, nicht mehr zu viel zu zweifeln. Dann erinnere ich mich an die wundervollen Glücksmomente, die Wärme in meinem Herzen, dieses Funkeln in meinen Augen und die unglaubliche Kraft in mir. In all das habe ich mich unsterblich verliebt. Genau in diesen Momenten stehe ich auf und gehe weiter, Schritt für Schritt meinen Zielen entgegen, mit meiner Vision im Herzen und dem wundervollen Lächeln auf meinen Lippen.

Meine Glücksgewohnheiten sind gleichzeitig auch Gewohnheiten voller Liebe, innerer Ruhe und purer Lebensfreude. Denn nach all dem traurigen in meinem Leben habe ich beschlossen: Ich geh wieder leben...

Was ist mit dir???? Kommst du mit?

„Du kannst es nicht fassen und oft auch nicht begreifen.

Es kommt einfach über dich oder es verlässt dich scheinbar ständig.

Du versuchst es festzuhalten, doch es reißt sich fort.

Du kannst es nirgendwo kaufen, denn es existiert nur tief in dir drin.“

-DEIN GLÜCK-

Mein Weg für ein Leben gefüllt mit Glücksmomenten

Nach und nach habe ich Routinen in meinen Alltag eingebaut, die mich immer wieder lachen lassen, die mir Freude schenken und mich zurück in meine Ruhe bringen, wenn mein Gedankenkarussell sich mal wieder zu schnell dreht. Anfangs löste das Integrieren von Routinen in mir einen inneren Stress aus, weil ich erkannte, dass ich sowieso schon wenig freie Zeit zur Verfügung hatte. Als ich meinem Ego aber endlich mal den Mund verboten hatte und in mich hineinspürte, stellte ich fest, dass es eigentlich ganz einfach war. Ich kombinierte Routinen miteinander...

Ich wache auf und übe Dankbarkeit aus, ich lache und zähle vier Dinge auf, für die ich besonders dankbar bin, wie mein Leben, meine Gesundheit, meine wundervolle Familie, das Vertrauen in mich. Wähle für dich, für was du dankbar bist. Mache das von heute an jeden Tag und allein diese Routine wird dein Leben für immer verändern....

Ich genieße jeden Tag eine Runde laufen in der Natur, egal ob es schneit, regnet, die Sonne scheint oder mir der Wind um die Nase weht. Zwanzig, dreißig Minuten, jeden Tag. Es befreit mich immer wieder und das Glücksgefühl danach ist ein Geschenk. Auch hier habe ich gelernt, Routinen zusammenzufügen. So gehe ich auch hier in die Dankbarkeit und zähle alles auf, für was ich dankbar bin. Ich gehe ständig in meine Vision und stelle mir Dinge vor, die ich mir erträume, gepaart mit dem Gefühl, dass sie schon längst da sind. Magisch. Wundervoll. Inspirierend. Ich liebe es.

Spür in dich hinein und du findest deinen Weg....nimm wahr, was dir guttut.

Und dann: GEH LOS, fang an! Fang einfach an....

„Was immer du tun kannst oder träumst es tun zu können, fang damit an!

Mut hat Genie, Kraft und Zauber in sich."

(J.W. von Goethe)

Inspirationen für Veränderung

Lebe im Jetzt und genieße jeden Moment

Entdecke die Kraft und die Ruhe der Natur

Erschaffe dir Routinen, die dir guttun und Kraft schenken

Mache täglich mindestens eine Atemübung oder immer, wenn du gestresst bist

Lass negative Menschen aus deinem Leben gehen

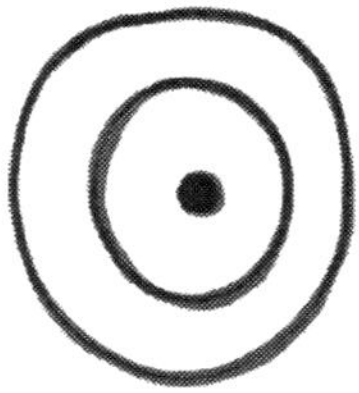

Höre auf dein Bauchgefühl

Folge deinem Herzen

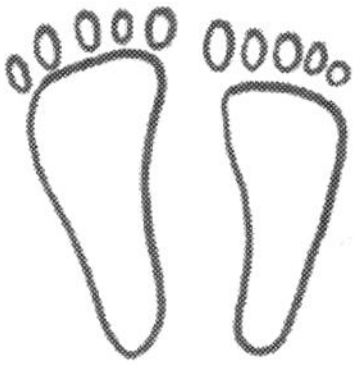

Sprich ab sofort positiv über dich
und deine Welt – Steh zu dir!

Mindset ändern, streiche z.B. „müssen und versuchen“ aus deinem Wortschatz und ersetze sie durch „dürfen und machen“....

Erlaube dir wieder zu träumen, kreiere dir deine Vision

Denke so oft wie möglich an deine wundervolle Zukunft, vertraue, dass es genauso oder noch besser kommt

Tanzen ist Träumen mit den Beinen – dadurch bringst du positive Energie in dich, tanze, lache, mache Sport oder irgendetwas was dir guttut täglich

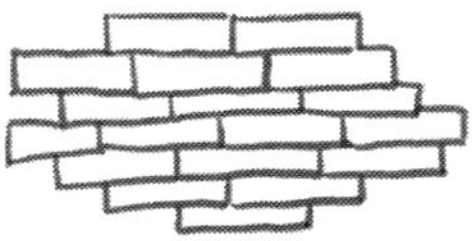

Löse deine inneren Blockaden und Mauern (Stück für Stück)

Etwas mag ich dir noch mit auf deinen Weg geben: Am Anfang dachte ich, ich „muss" morgen ein neuer

Mensch sein, komplett neu denken, diese und jene Routinen im Tag eingebaut haben und am besten noch die größte Neu-Erfindung von irgendetwas in die Welt hinaustragen.

Wahres Glück entsteht, wenn du dir Zeit gibst.

Hab Geduld mit dir, mit deinem Leben, mit deiner Entwicklung!

Hab Geduld und vertrau darauf, dass deine Träume wahr werden.

Wenn du bereit bist, geh los, Schritt für Schritt, Atemzug für Atemzug.

Erfahre, was es heißt pures Glück in dir zu spüren.

Ich wünsche dir für deine Reise viel Vertrauen, Geduld und Herzensmenschen an deiner Seite, die dich ein Stück oder für immer begleiten, auf DEINEM Weg zu DEINEN Zielen, in DEIN erfülltes und glückliches Leben. Du kannst das!

Ich wünsche dir das Beste der Welt!

Deine Melanie

„Wo ist sie hin, die Liebe in dir?

Wo ist es hin, dein Urvertrauen?

Wo ist er hin, dein unbändiger Mut?

Du bist weit gegangen und hast all diese wundervollen Dinge auf deinem Weg verloren.

Du kannst sie wieder leben, in jedem Moment, denn sie sind in dir und warten nur darauf, endlich wieder von dir entdeckt zu werden.“

(Melanie Sterzinger)

MELANIE STERZINGER

Foto: Melanie Sterzinger

Melanie Sterzinger entdeckt mit 34 Jahren am Tiefpunkt ihres Lebens ihren Mut, ihre Liebe und ihr Vertrauen wieder. Sie beginnt die wohl schönste Reise ihres Lebens. Voller Wunder, Herzensmenschen, neuer Herausforderungen und einer völlig neuen Sichtweise auf ihr Leben und die Welt. In diesem Buch folgt sie ihrer Herzensstimme, schreibt ihre ersten Worte für all die Menschen da draußen. Bewegende Worte mit Tiefe und Hoffnung, um wieder mehr Liebe, Freude und Vertrauen in ihre Herzen und in die Welt zu bringen.

Melanie ist Mutter von zwei wundervollen Kindern. Sie lebt mit ihnen und ihrem Mann mitten in der Natur in einem kleinen Dorf in der Rhön.

www.gedankentragen.de
www.waldhelden.com

Schluss

Wie dir diese Seiten und Zeilen all dieser wunderbaren Frauen gezeigt haben, ist es nie zu spät, sich für das Glück zu entscheiden.

Denn es ist meistens das eine Wesentliche, was fehlt, um glücklich zu sein und zu werden. Die bewusste erste Entscheidung und dann jeden Tag ein kleines bisschen mehr Glück in dein Leben zu holen.

Diese wirklich bewegenden Lebensberichte zeigen dir, was es manchmal braucht, um den Start zu finden. Aber es muss nicht immer die Lebenskrise sein, die dich losgehen lässt. Nein, es ist der erste und der nächste und der nächste Schritt.

Darum wäre es schön, wenn du nicht nur über all die Glücksgewohnheiten liest, sondern sie in kleinen Schritten umsetzt. So wie es dir gefällt und guttut.

**Wachstum kommt durch Tun
und Glück kommt durch Wachstum.**

Dieses Buch möchte für dich eine Inspirationsquelle für deine eigenen Glücks- und Erfolgsgewohnheiten sein. Doch nun liegt es an dir…

Auf geht's, let's go.

Christin und alle Autorinnen

P.S.: Falls dir dieses Buch gefallen hat, schenke uns doch bitte eine 5 Sterne-Amazon Rezension. Dann finden diese Glücksgewohnheiten noch mehr Leser. Danke dir!

Über die Herausgeberin

Foto: Rachit Gupta

Christin Kunze, Jahrgang 1981, ist Autorin, Bloggerin und Coach für Glücksgewohnheiten. Sie arbeitet und lebt in Bonn.

Ihr Grundsatz lautet:
„Glück entsteht durch Wachstum.

Fülle deinen Tag mit Glücksgewohnheiten und du wirst zu deinem eigenen Glücksmagneten.“

Neugier, Disziplin und stetiges Lernen sowie das dadurch entstehende persönliche Wachstum, sind ihre größten Werte. Darauf folgen Glück und Zufriedenheit. Ihre Erfahrungen mit positiven Gewohnheiten, den *happy rituals*, möchte sie nun mit ihren Lesern und Coachees teilen.

Ihre Beschäftigung mit Glücksgewohnheiten beförderte wieder einen lang gehegten Traum an die Oberfläche: Der Traum zu schreiben und publizieren. Diesen lebt sie nun. Im Frühjahr 2020 veröffentlichte sie mehrere Beiträge für andere Publikationen sowie ihr erstes Bestseller-Buch „Rituale, die glücklich machen – Zufriedener und bewusster leben durch 30-Tage-Challenges und Glücksgewohnheiten“ (als eBook und Taschenbuch auf Amazon erhältlich).

Christin Kunze ist Expertin für Glücksgewohnheiten. Sie befindet sich zudem gerade in der Ausbildung zum systemischen Coach und bietet Coachings für happy rituals und hilft Menschen dabei, ihren persönlichen Weg zu den eigenen Glücksgewohnheiten zu finden.

Außerdem betreibt sie seit Anfang 2019 einen sehr persönlichen Blog über ihre eigene Entwicklung, wie sie mit 30-Tage-Challenges ihr Leben über

Persönlichkeitsentwicklung durch Gewohnheiten zum Positiven verändert hat.

Auf www.happyrituals.de dreht sich alles um Glücksgewohnheiten und *happy rituals*. Hier zeigt sie in persönlichen Berichten wie sie sich mit „kleinen Schritten“ in ein erfüllteres und reicheres Leben aufmachte.

Weitere Produkte der Herausgeberin

Rituale, die glücklich machen

Zufriedener und bewusster leben durch 30-Tage-Challenges und Glücksgewohnheiten

(erhältlich als eBook und Taschenbuch)

Nach dem Lesen dieses Buches hast du Lust darauf bekommen dir ebenfalls mehr Zufriedenheit und Glücksmomente in deinen Alltag einzubauen, weißt aber gar nicht, wie?

Dann kann dieses Buch dein Leben verändern!

Kleine Gewohnheiten, die *happy rituals*, haben die Macht, dich bewusster und zufriedener zu machen. 30-Tage-Challenges bieten dir dabei die nötigen Impulse, um eine solche Glücksgewohnheit zu verankern. Alles, was du dir wünschst, kannst du so durch tägliche Übungseinheiten für dich erreichen - einfach durch **Rituale, die glücklich machen**.

Doch dieses Buch will nicht nur gelesen werden - nein, es ist eine aktive Anleitung, wie du auch in die Umsetzung kommst. Es ist ein Sachbuch, aber alles andere als nur theoretisch. Es möchte erfahren werden.

Denn Veränderung und Wachstum kommen vor allem durchs Tun.

Das sagen andere:

E. R. - 5-Sterne Bewertung auf Amazon:

Was für ein wundervolles Buch mit tollen Ideen und Ritualen, die glücklich machen. Es zu lesen macht einfach Freude und mit den Schritt für Schritt Tipps und Tricks erscheint es mir ganz leicht mit den Challenges das Leben zu transformieren. Eine ganz klare Empfehlung von mir (ich bin selbst auch Coach) für dieses Buch. Einfach toll! 5* und noch mehr, wenn das ginge. Ein wahres Geschenk, dieses Werk! Danke.

Katrins_Krimskrams – 5-Sterne Bewertung auf Amazon:

Mein erster 30-Challenge-Monat liegt fast hinter mir. Im Juni habe ich dieses Buch im Zusammenhang mit einer Challenge auf instagram gelesen. Wer wissen möchte, wie er sein Leben intensiver, glücklicher und vor allem selbstbestimmter gestalten kann, dem kann ich dieses Buch nur empfehlen. Für mich hatten die Wörter Gewohnheiten, Rituale, Routinen immer einen negativen Beigeschmack, nach der Lektüre, weiß ich nun auch, warum das so ist. Warum Routinen aber gut tun, wie ich schlechte Gewohnheiten durch happy rituals ersetze, mein eigenes Ziel definiere, warum es wichtig ist, einfach mal anzufangen ... Antworten auf diese Fragen habe ich in diesem Buch gefunden. Eine klare Empfehlung für Menschen, die ihr Lebensglück selber in die Hand nehmen möchten.

n.v. – 5-Sterne Bewertung auf Amazon:

Das Buch ist sehr angenehm zu lesen und gewährt eine interessante Einsicht in die Gedanken der Autorin. Ich habe viele Dinge für mich gefunden, die ich für mich nutzen kann. Ein herzliches Danke und ein klare Kaufempfehlung!

Teil 1 der Buchreihe über Glücksgewohnheiten

Die tägliche Dosis Glück: 10 Erfolgsstrategien und Glücksgewohnheiten für ein erfülltes Leben in Freude und Leichtigkeit – Teil 1

Lass dich inspirieren vom ersten Teil der Glücks- und Erfolgsgewohnheiten zufriedener und höchst erfolgreicher Menschen. In diesem Buch profitierst du von dem geballten Erfahrungsschatz von BestsellerautorInnen, Impuls-Queens, Selbstbewusstseins-Experten, Keynote-SpeakerInnen sowie erfahrenen Coaches und Psychologen.

In Band 1 finden Sie diese Kapitel folgender Autoren und Autorinnen:

Marion Bender: Bist du glücklich?

Alexandra Cordes-Guth: Wie Dankbarkeit dein Leben zum Erblühen bringt

Julia Diehl-Wadewitz: Pfützenspringen

Isabelle DiRada: Tagesrituale

Nellie Kirchner: Wer glücklich ist, wird zum Magneten für noch mehr Glück!

Ina Meyer: Ich dreh dann mal ne Runde

Eva Reich: Werde zur Impulsqueen und beame dich ins Glück

Gabriela Saul: Glücksmomente für Paare oder die blonde Rebellin Bianca

Jessica Verfürth: Im Einklang mit Deiner Scanner-Genialität

Manuel Weber: Wirf den Fernseher aus dem Fenster!

Das sagen andere:

Y. V. – 5 Sterne Bewertung auf Amazon:

Ein spannendes und lehrreiches Buch

Dieses Buch liefert spannende Einblicke in die Glücksgewohnheiten von interessanten Persönlichkeiten und bietet die Möglichkeit, von ihren Lebensweisheiten zu lernen.

n.v. – 5 Sterne Bewertung auf Amazon:

Ein schönes Buch für neue Anregungen

Das Buch liefert Einsichten in die Gewohnheiten interessanter Menschen und bietet die Möglichkeit zu sehen, wie man sein Leben aus dem festen Korsett befreien und mehr Glück erleben kann.

Rituale, die glücklich machen

Der Blog: happy rituals - Rituale, die glücklich machen

Auf www.happyrituals.de findest du regelmäßig Beiträge zu 30-Tage-Challenges, dem Aufbau von Glücksgewohnheiten und Inspirationen für ein bewusstes, glückliches Leben. Auch erzähle ich hier viel über mich und meinen Weg, den ich selbst gegangen bin. Die im Buch genannten Links zu einzelnen Blogbeiträgen findest du gesammelt auf der exklusiven Materialienseite.

happy rituals in den Sozialen Medien:

FB: www.facebook.com/happyrituals.christin.kunze
IG: www.instagram.com/happyrituals.christin.kunze

Das Coaching / Mentoring:

Suchst du nach einem CheerLEADER und einer Schweinehund-Dompteurin an deiner Seite. Dann buche mich als Coach oder Mentoring. Dann unterstütze ich dich auf dem Weg zu deinen eigenen ***happy rituals.*** So stehe ich dir mit meinen Erfahrungen, Tipps und Tricks sowie Durchhalterufen und Applaus bei.

Mit deinen Glücksgewohnheiten kannst du abends zufrieden einschlafen, stehst zu deinen Erfolgen – aber auch Rückschlägen – und generierst dir stetig eigene, kleine Glücksmomente.

Kurzum: **Du wirst zu einem Glücksmagneten.**

Ich unterstütze dich dabei, wie du aus geplatzten Vorsätzen und dem ständigen Gefühl zu versagen, dich stattdessen in deiner Selbstwirksamkeit bestätigst, indem du schaffst, was du dir vornimmst. So gelingt es dir, der Mensch zu werden, der du wirklich sein willst: Einfach DU – in einem Leben, das dich stolz und glücklich macht.

Sprich mich gerne unter christin@happyrituals.de an, wenn du mehr Unterstützung möchtest. Dann sprechen wir über meine aktuellen Coaching-, Mentoring- und Unterstützungsmöglichkeiten.

Copyright und Haftungsausschluss

Kontaktadresse:

happy rituals
Christin Kunze
Paul-Clemen-Str. 3
53113 Bonn

E-Mail: christin@happyrituals.de

Haftungsausschluss:

Dieses Buch ist konzipiert, um Informationen in Bezug auf den behandelten Gegenstand zur Verfügung zu stellen. Es ist der Zweck dieses Buches, zu bilden und zu unterhalten. Es wird unter der Voraussetzung verkauft, dass weder die Herausgeberin noch die

Autoren eine psychologische und gesundheitliche Beratung durchführen und dass die Prozesse in diesem Buch weder psychologisch noch diagnostisch sind. Dieses Buch enthält Links zu anderen Seiten im Internet. Diese Links wurden zum Zeitpunkt der Erstellung des Buches sorgfältig recherchiert und zusammengestellt. Die Herausgeberin hat keinen ein Einfluss auf Gestaltung und Inhalte der verlinkten Seiten. Sie ist nicht für den Inhalt der verlinkten Seiten verantwortlich und macht sich deren Inhalte nicht zu eigen. Ausschließlich der Anbieter der verlinkten Seiten haftet für deren Inhalte.

Die Herausgeberin übernimmt keinerlei Gewähr hinsichtlich der inhaltlichen Richtigkeit, Genauigkeit, Aktualität, Zuverlässigkeit und Vollständigkeit der Informationen. Haftungsansprüche gegen die Herausgeberin wegen Schäden materieller und immaterieller Art, welche aus dem Zugriff oder der Nutzung beziehungsweise Nichtnutzung der veröffentlichten Informationen, durch Missbrauch der Verbindung oder durch technische Störungen entstanden sind, werden ausgeschlossen.

Printed in Poland
by Amazon Fulfillment
Poland Sp. z o.o., Wrocław

69129558R00164